JN432962

중국어 상용한자 500자 해설

송영정·제해성 공저

신아사

머리말

중국어는 그것을 표기하는 문자인 한자(漢字)와 불가분의 관계가 있다. 한자는 중국의 유구한 역사와 문화를 담고 있어서 중국문화를 제대로 알고 이해하고자 하는 사람들은 반드시 한자를 배우고 익혀야한다. 한자는 오랜 기간 사용되면서 중국의 고대국가를 통일하고 민족을 단결시키는 중요한 역할을 담당하였다. 오늘날 중국이 G2에 들어갈 정도의 경제대국으로 급성장함에 따라 그들의 문자인 한자도 세계의 주목을 끌며 세계화되고 있다.

한대(漢代)부터 현대에 이르기까지 실제로 사용된 한자는 대략 10,000자를 넘어서지 않는다. 현대중국어에서 통상 사용되는 한자를 '통용한자(通用漢字)'라고 한다. 중국 역대의 주요 문자자료 통계에 따르면, 통용된 한자의 수는 큰 변화가 없이 대략 6,000자 이내였다. 현대에 들어와 새로운 어휘에 대한 수요가 증대되고 있음에도 불구하고, 통용한자는 거의 7,000자를 넘지 않는다. 통용한자 중에서도 현대중국어에서 일상적으로 자주 사용되는 글자인 '상용한자(常用漢字)'는 대략 3,000자 이내로 대폭 줄어든다. 또 상용한자의 사용빈도 통계에 따르면, 가장 널리 쓰이는 1,000자의 점유율이 90%나 되고, 2,400자 수준에 이르면 점유율이 무려 99%에 달한다. 그러다보니 중국에서는 한자를 상용자(常用字) 2,500자, 차상용자(次常用字) 3,500자, 통용자(通用字) 7,000자로 구분하고 정도에 맞는 규범화된 어문교육을 실시하고 있다.

『중국어상용한자 500자 해설』은 평소 중국어에 흥미를 갖고 중국어상용한자를 체계적으로 학습하려는 대학생 및 일반인 학습자들을 주요대상으로 편찬하였다. 그들이 이 책의 학습을 통하여 '중국어상용한자 500자'를 정확하게 이해하고, 향후 관련전공이나 지속적인 중국어학습에서 폭넓게 활용할 수 있게 되기를 바란다.

이번에도 이 책을 제때 대학교재로 쓸 수 있게 출판해주신 신아사의 한규갑 상무님, 정현걸 사장님께 진심으로 감사드린다.

2017년 2월

저자

목차

일러두기

1. 이 책의 독자가 주로 평소 중국어에 흥미를 갖고 중국어상용한자를 체계적으로 학습하려는 대학생 및 일반인 학습자들인 점을 충분히 고려하여 집필하였다. 아울러 중국어상용한자에 대한 일반적인 이해를 돕기 위하여 한자의 기원과 특성, 조자와 자체, 개혁과 간화를 주요 내용으로 하는【해제】「중국어의 문자 －한자(漢字)－」를 도입부에 소개하였다. 또「중국어상용한자 빈도순 500자 목록」을 정리하여 권말【부록】으로 제시하였다.

2. 이 책은『현대중국어빈도사전(現代漢語頻率詞典)』(北京語言學院出版社, 1986年)』에 근거하여 편찬한『중국어상용한자 2500』(송영정 외 3인 공저, 계명대학교출판부, 2005년)에서 기초 수준의 중국어상용한자 500자를 다시 선정하여 해설하였다.

3. 선정한 '중국어상용한자 500자'는 각 글자마다 '정자(正字/繁體字)'와 '간화자(簡化字/簡體字)'를 제시하고,【字音】－【字義】－【解說】－【字體】(甲骨－金文－篆書－隸書) 순으로 설명한 후, 해당 한자를 활용한 중국어어휘(단어, 성어 위주)를 예시하고 한어병음(漢語拼音)을 달았다.

4. 예시한 중국어어휘(단어, 성어 위주)는 가급적 'HSK(漢語水平考試) 甲－乙－丙－丁級'의 순서에 따라 배열하였으며, 어휘 및 예문 선정과 배열에 참고한 사전을 활용도 순으로 소개하면 다음과 같다.

   ① 韓國中國言語學會 編,『8822中韓辭典』: 송산출판사(서울), 1999년.
   ② 許嘉璐 主編,『現代漢語模範字典』: 中國社會科學出版社(北京), 2001年.
   ③ 高大民族文化研究所 中國語大辭典編纂室 編,『中韓大辭典』: 高麗大學校民族文化研究所(서울), 1995年.
   ④ 中國社會科學院 語言研究所 詞典編輯室 編,『現代漢語詞典』(修訂增補本) : 商務印書館(北京), 2003年.
   ⑤ 商務印書館 辭書研究中心 編,『應用現代漢語詞典』: 商務印書館(北京), 2000年.
   ⑥ 서체(書體)/자체(字體) 참고자료 :『象形字典』(http://www.vividic.com)

5. 이 책에서 사용한 중국어 문법용어의 우리말 번역용어는 가급적「중국어 문법용어 통일시안」(한국중국언어연구회, 1991년 6월)에 따랐다.

【해제】

중국어의 문자 –한자(漢字)–

1. 한자의 기원과 특성

중국어는 그것을 표기하는 문자인 한자(漢字)와 불가분의 관계가 있다. 단음절어(單音節語)와 고립어(孤立語)로서의 중국어는 의미와는 직접적인 관련이 있고 음성과는 간접적인 관련이 있는 한자와 결합함으로써 그 언어를 기록한다. 문자는 언어를 기록하는 일종의 기호체계이다. 문자가 만들어지기 전에 사람들은 이미 실물(實物)이나 도화(圖畫) 또는 각종 부호(符號)를 사용하여 사실을 기록했다. 중국의 문자학자(文字學者)들은 일반적으로 한자는 신석기시대에 이미 발생한 것으로 보고 있다. 처음에는 그림으로 뜻을 나타내던 것이 상형(象形)으로 발전하고, 뒤에 간단한 상형자(象形字)를 기초로 표의(表意)하거나 표의와 표음(表音)이 결합된 방향으로 발전하였다고 보고 있다.

(1) 한자의 기원

한자는 원시적 단계까지 거슬러 올라가면 거의 5~6,000년에 달하는 역사를 지닌다고 한다. 이는 신석기시대의 도기(陶器)나 도편(陶片)에 새겨져 있거나 그려져 있는 부호를 한자의 기원으로 간주한 데서 나온 견해이다. 중국 신석기시대 중, 후기의 대표적 중원지역 문화인 앙소문화(仰韶文化), 대문구문화(大汶口文化), 용산문화(龍山文化) 유적지에서 출토 발굴된 채도(彩陶), 회도(灰陶), 흑도(黑陶) 등에 이미 한자의 원시 형태가 출현한 것으로 보고 있다. 이 중에서 특히 1959년 산동성(山東省) 대문하(大汶河) 양안의 영양(寧陽)과 태안(太安) 대문구(大汶口) 부근에서 처음 발견된 '대문구문화'는 한자의 기원과 관련하여 주목을 받는 시기이다. 신석기시대 후기에 해당하는 이 문화에서 발굴된 '회도'에 후대의 갑골문(甲骨文)이나 금문(金文)과 유사한 문자가 출현하여 관련 학계의 주목을 끌었다. 지금부터 약 4,500여 년 전인 '대문구문화'의 말기에 주로 나타난 이

문자는, 그 모양이 비교적 단정하고 정연하며 상형성을 갖추어 고문자의 규율에 따라 해독이 가능하므로 일부 고문자학자들에 의해 원시문자로 간주되기도 하였다. 하지만 이들 도기나 도편에 나타난 부호와 현재 전하는 가장 오래된 한자 자체인 갑골문 사이에는 상당한 거리가 있다. 도기나 도편상의 부호 중에는 갑골문 등에 등장하는 몇몇 개별 한자의 원형으로 추정되는 것들이 있지만, 대부분 단순한 숫자와 같은 부호로 사용되었을 뿐 어떤 문자 체계를 갖추고 있거나 문장에서 쓰인 것은 아니라는 것이 중국 문자학계의 일반적인 견해이다.

중국의 전설(傳說)에서는 황제(黃帝)의 사관(史官)인 창힐(倉頡)이 한자를 창제했다고 하는데, 일부 문헌상의 기록으로 추산하면 이 시기가 '대문구문화'시기와 거의 비슷하다. 『한비자(韓非子)』, 『여씨춘추(呂氏春秋)』, 『회남자(淮南子)』, 『설문해자(說文解字)』 등 현존하는 중국 고문헌의 기재에 의하면, 네 개의 눈을 가진 창힐은 "새나 짐승의 발자국을 보고 한자를 만들었다"고 한다. 창힐이라는 한 개인이 한자를 만들었다는 것은 역사적 실재성이 의심되는 전설적 기록에 불과하다고 볼 수밖에 없다. 이 밖에도 한자의 기원과 관련하여 '팔괘(八卦)'에서 나왔다는 설, '결승(結繩 : 줄로 매듭짓기)'에서 나왔다는 설, '계각(契刻 : 나무 따위의 재료에 간단하게 새기기)'에서 나왔다는 설 등이 전해진다. '팔괘'는 전설상의 복희(伏羲)가 만들었다고 전해지며, '결승'이나 '계각'은 개인의 기억을 보조하는 도구의 역할만 하는 것에 불과해 문자와 구별되며 문자로 발전할 수도 없는 것이다.

(2) 한자의 특성

전 세계에 존재하는 문자의 종류는 실로 다양하다. 언어를 기록하는 단위로 볼 때, 크게 음소를 기록하는 음소문자(音素文字), 음절을 기록하는 음절문자(音節文字), 형태소를 기록하는 형태소문자(形態素文字)로 분류할 수 있다. 음소문자와 음절문자는 모두 표음문자(表音文字)이며, 형태소문자는 표의문자(表意文字)에 속한다. 표음문자의 기본단위는 자모이고, 표의문자의 기본단위는 글자이다. 한자는 전형적인 표의문자이다. 한자는 기본적으로 한 글자가 하나의 형태소와 의미를 지녀 하나의 단어가 되는 매우 특이한 표의 체계의 문자로 표음문자와는 본질적으로 다르다. 이는 한자의 형체가 표의기호로서, 음을 표시하지 않고 뜻을 표시하는 점에 잘 나타나 있다. 한자는 나타내는 뜻에 따라 음이 달라지거나 음은 다르더라도 뜻과 형체는 변하지 않는 경우가 적지 않다. 또 한자는 음이 같더라도 형태를 달리하여 완전히 다른 의미를 나타낸다. 예를 들면, '一', '衣', '依', '醫'는 모두 중국어음 'yī'로 발음하지만 각각의 의미는 서로 다르다. 한 형태소의 음과 의미는 바로 그 글자인 한자의 음과 의미이다. 한자의 형태와 이것이 표시하는 형태소의 음과 의미가 하나로 결합되어 있기 때문에 모든 한자는 모양(形), 소리(音), 의미(義)로 구성된 문자라고 할 수 있다.

언어의 표현 방법상 표의문자라는 기본속성을 가진 한자는 일반적으로 다음 몇 가지의 특징을 갖는다.

① 글자의 수가 많다

최근까지 각종 한자 데이터베이스에 저장된 한자의 자수는 무려 9만여 자에 이를 정도로 그 수가 많다. 이 중에는 고금자(古今字), 이체자(異體字), 번체자(繁體字), 간화자(簡化字)까지 합산되어 음과 뜻이 같으면서도 중복으로 들어간 경우도 적지 않은 분량을 차지한다. '고금자'는 여러 가지의 뜻을 함께 가지고 있는 한 글자가 시간이 흐르면서 알아보기 쉽고 또 뜻을 정확하게 전달하고자 글자의 부수(部首)를 더하거나 그 뜻에 맞게 바꾸어 사용하게 되면서 시간적으로 선후관계에 있는 한자를 말한다. 『논어(論語)』「팔일(八佾)」편의 "成事不說, 遂事不諫, 旣往不咎.(이미 이루어진 일은 말하지 않으며, 끝난 일은 간하지 않으며, 지난 일은 탓하지 않는다.)"에서 '說'자는 '말하다'의 뜻으로 쓰였고, 「학이(學而)」편 "學而時習之, 不亦說乎?(배우고 때맞추어 그것을 익히면 또한 기쁘지 아니한가?)"에서의 '說'자는 '기뻐하다'의 뜻으로서 후대의 '悅(열)'자에 해당한다. 여기서 '說'과 '悅'은 고금자의 관계로서 '說'은 고자(古字)이고, '悅'은 금자(今字)이다. 이 밖에도 '昏'과 '婚', '禽'과 '擒', '舍'와 '捨' 등도 모두 고금자이다. '이형자(異形字)'라고도 부르는 '이체자'는 '窓'과 '窗'처럼 음과 뜻이 같으면서도 글자모양만 달라 서로 대체 가능한 한자이다. 중국정부가 공포한 「현대중국어 통용문자표」에는 통용한자 7,000자가 수록되어 있다. 뒤에 다시 설명하겠지만 이것은 현재 통용되는 한자의 수가 7,000자라는 것이지, 현대중국어 한자의 총 자수를 의미하는 것은 결코 아니다.

② 글자의 구조가 복잡하다

수만 개의 한자를 형태에 따라 구별하다보니 그 구조가 매우 복잡해졌다. 통계조사에 따르면 한자의 기본 필획은 6가지이고, 파생된 필획은 25가지이며, 최소 구성요소는 648개이다. 필획이 단 1획으로만 된 간단한 한자도 있지만, 30획 이상인 한자도 있으며, 그 구조 또한 매우 복잡하다. 또 형체가 비슷한 한자도 많아서 구별이 쉽지 않고 혼동이 되는 경우도 적지 않다. 많은 필획과 구성요소, 여기에 각양각색의 조합방식이 더해져 한자의 구조는 시간이 지날수록 복잡해졌다.

③ 동음자(同音字)와 다음자(多音字)가 많다

현대중국어는 기본 음절수가 410개에 불과하고, 4개의 성조(聲調)에 의해 이루어지는 발음이 총 1,295개 정도일 뿐이다. 따라서 1개의 발음에 여러 개의 한자가 있을 수 있고, 그 분포가 고르지 않아 어떤 음절은 심지어 60여 개의 한자가 있는 것도 있다. 게다가 '형체가 비슷하면서 음이 같은 한자(同形同音字)'가 있는가 하면, '형체가 완전히 다르면서 음이 같은 한자(異形同音字)'도 많이 있다. 그 다음으로 '하나의 글자가 두 가지 이상의 음을 가진 한자(多音字)'도 적지 않다. 같은 글자이면서 뜻과 음이 완전히 다른 경우도 있고, 성조만 달라지는 경우도 있다. 어떤 글자는 품사에 따라 음이 달라지는가 하면, 문언(文言)과 구어(口語)에 따라 음이 달라지는 한자도 있다.

④ 네모덩어리 모양의 평면구조이다

한자는 갑골문에서부터 현재 쓰고 있는 형태에 이르기까지 기본적으로는 네모덩어리 모양의 평면구조로 이루어져 있다. 비록 내부적으로는 무수한 형태 변화가 있어 왔지만, 줄곧 '네모덩어리 모양의 글자(方塊字)' 원형을 유지해왔다. 한자의 일반적인 조합은 구성성분이 가로 세로 방향으로 펼쳐져 그 조합형태가 매우 다양하다. 예컨대 '峰'자는 '峯'자로 배열할 수 있고, '晰'자는 '晳'자로도 배열할 수 있으며, '群'자는 '羣'자로도 배열하여 쓸 수 있다. 어떤 모양으로 변형하던 기본적으로는 네모덩어리 모양의 평면구조를 유지해왔다.

⑤ 시간과 공간을 초월하여 의미와 형태의 변화가 적다

고대의 한자와 현대의 한자를 비교해보면 음성의 차이는 매우 크지만 의미의 변화는 상대적으로 적은 편이다. 또한 그 형태도 매우 안정적이어서 시간과 공간을 초월하여 별로 큰 차이를 보이고 있지 않다. 따라서 선진양한(先秦兩漢) 시기의 『시경(詩經)』, 『논어(論語)』, 『좌전(左傳)』, 『사기(史記)』와 같은 고서를 지금도 일반 중국인들이 부분이나마 읽고 이해할 수 있다. 만약 이들 고서가 표음문자로 쓰였다면 시간과 공간을 초월한 현대인들의 폭넓은 이해는 불가능하였을 것이다. 한자는 중국의 유구한 역사와 문화를 담고 있어서 중국문화를 제대로 알고 이해하고자 하는 사람들은 반드시 한자를 배우고 익혀야한다. 한자는 오랜 기간 사용되면서 중국의 고대국가를 통일하고 민족을 단결시키는 중요한 역할을 담당하였다. 오늘날 중국이 G2에 들어갈 정도의 경제대국으로 급성장함에 따라 그들의 문자인 한자도 세계의 주목을 끌며 세계화되고 있다.

2. 한자의 조자와 자체

(1) 한자의 조자 방법

한자는 수가 많고 형태가 복잡하다. 또한 구조가 상당히 조직적이며 규칙적인 문자체계이다. 중국의 전통적인 한자 조자(造字) 방법에는 상형(象形), 지사(指事), 회의(會意), 형성(形聲)이 있다. 여기에 같은 음의 글자를 빌려 딴 뜻에 쓰는 가차(假借)와 어떤 글자의 뜻을 그 글자와 같은 부류 안에서 다른 의미로 전용하는 전주(轉注)를 더하여 '육서(六書)'라고 한다. 한자의 수로 보면, 회의자와 형성자가 상형자와 지사자보다 훨씬 많은 전체의 90% 이상을 차지한다. 중국의 전통적인 한자 조자 방법을 간단히 설명하면 다음과 같다.

① 상형(象形)

상형(象形)은 어떤 실물의 형체를 본떠 그려내는 한자 조자 방법이다. 그 필획은 대체로 물체를 형상대로 그려낸 구불구불한 모양이다. 상형은 물체를 그려내는 방식에 따라 물체의 전체적인 윤곽을 그린 상형자(日, 月, 水, 木, 人), 물체의 특징 부분을 그린 상형자(牛, 羊), 물체 및 그와 관련된 부분을 함께 그린 상형자(牢, 果, 囿)로 나눌 수 있다.

② 지사(指事)

지사(指事)는 그림으로 형상화할 수 없는 사물이나 추상적인 개념을 부호로 나타내는 한자 조자 방법이다. 예를 들면 '上'과 '下'는 필획과 부호의 위치로써 '상'과 '하'의 방향을 나타내고 있다. 지사는 단순한 지사부호를 조합하여 숫자나 기타 추상적인 개념을 나타내는 지사자(四, 五, 八)와 상형자에다 지사부호를 더한 지사자(寸, 本, 末)로 나눌 수 있다.

③ 회의(會意)

회의(會意)는 이미 존재하는 글자를 다시 두 개 또는 여러 개로 조합하여 새로운 글자를 만들어내는 한자 조자 방법이다. 이렇게 조합된 글자들은 의미상 서로 관련이 있다. 예를 들면, '소식'이란 뜻을 가진 '信'은 '人'과 '言'이 조합되어 만들어진 '사람이 하는 말'을 나타내는 회의자이며, '休'는 '人'과 '木'이 조합되어 만들어진 '사람이 나무에 기대어 쉬는 것'을 나타내는 회의자이다. 이러한 회의자는 글자의 의미가 명확하고 이해하기도 쉬워 기억하기에 편한 장점이 있다. 회의자는 글자의 조합 방식이 다양하고 의미를 나타내는 방법도 여러 가지일 뿐만 아니라 여러 가지 추상적인 의미와 개념들을 나타낼 수 있어서 한자의 의미표현력을 향상시켰다.

④ 형성(形聲)

형성(形聲)/해성(諧聲)은 소리를 나타내는 글자와 의미를 나타내는 글자가 조합되어 새로운 글자를 만드는 한자 조자 방법이다. 전체 한자의 85% 이상을 차지하는 형성자는 '의미부'와 '소리부'의 조합구조에 따라 다음과 같은 여러 가지 유형으로 나눌 수 있다.

좌'의미부'+우'소리부' : 呼(口+乎), 憶(忄+意), 泥(氵+尼)
좌'소리부'+우'의미부' : 放(方+攵), 歌(哥+欠), 瓶(并+瓦)
상'의미부'+하'소리부' : 菜(艹+采), 霧(雨+務), 籠(竹+龍)
상'소리부'+하'의미부' : 燙(湯+火), 璧(辟+玉), 惑(或+心)
내'의미부'+외'소리부' : 問(口+門), 聞(耳+門), 悶(心+門)
내'소리부'+외'의미부' : 圓(員+囗), 圍(韋+囗), 闊(活+門)
의미부가 글자의 일부분 : 載(車), 騰(馬), 島(山)
소리부가 글자의 일부분 : 房(方), 遠(袁), 旗(其)

⑵ 한자의 자체 변천

한자의 자체(字體)/서체(書體)는 기본적으로 '복잡한 형태'에서 '간단한 형태'로 변화 발전해왔다. 한자의 발생 초기에는 도화문자(圖畫文字)의 성격이 강하던 것이 상형문자(象形文字)로 변화하고, 복잡한 곡선형태에서 간단한 직선형태의 간략한 필획으로 발전한 것이 대체적인 변천과정이다. 한자의 자체는 역사적으로 갑골문(甲骨文), 금문(金文), 전서(篆書), 예서(隸書), 해서(楷書), 초서(草書), 행서(行書)의 변천과정을 거치면서 발전하였다. 이러한 한자의 자체를 각각 간략하게 설명하면 다음과 같다.

① 갑골문(甲骨文)

갑골문은 기원전 14세기에서 기원전 11세기 은(殷)/상(商)나라 후기까지 통용되었던 가장 오래된 한자 자체이다. 이것은 '거북의 배딱지(龜甲)'나 '소 등 짐승의 어깨뼈 또는 넓적다리뼈(獸骨)'에 칼끝으로 새겼기 때문에 '갑골문'이라고 부른다. 1899년 중국 하남성(河南省) 안양현(安陽縣) 소둔촌(小屯村)의 은허(殷墟 : 은나라의 옛 도읍지터)에서 최초로 발견되어 '은허문자(殷墟文字)'라고도 하고, 그 내용이 대부분 길흉을 점친 기록들이어서 '복사(卜辭)'라고도 부른다. 지금까지 발굴된 17만여 개의 갑골조각에는 각각 단 몇 개의 글자에서 90여 개의 글자까지 새겨져 있다. 현재까지 파악한 총 자수는 4,500여 자인데, 그 중에서 인명이나 지명 등을 제외하고 지금까지 해독된 글자는 1,700자 정도이다. 갑골문은 회화성(繪畫性)이 강한 상형자, 지사자, 회의자가 대다수를 차지하지만, 형성자와 가차자도 있다. 갑골문의 필획은 대체로 섬세하고 곧은 편이며, 글자모양은 전체적으로 가늘고 긴 수직형태이다. 글자의 형체가 고정되지 않아 같은 글자라도 쓰는 방법이 하나가 아닌 경우가 더러 있다.

② 금문(金文)

금문은 청동기(青銅器)에 새겨진 한자 자체이다. 금문은 주(周)나라 때 통용된 대표적 문자로 글자 구성면에서는 갑골문과 큰 차이가 없다. 주나라 시대의 유물에서 가장 많이 발견되지만, 그 이전 왕조인 은나라와 후대인 한대(漢代)의 것도 일부 남아 있다. 거푸집에 글자를 새겨 넣어 주조한 청동기물 중에서 대표적이며 가장 흔한 악기(樂器)인 '종(鐘)'과 예기(禮器)인 '정(鼎)'의 이름을 따서 '종정문(鐘鼎文)'이라고도 부른다. 이러한 금문으로 된 글을 '명문(銘文)'이라고 한다. 현재까지 파악한 총 자수는 4,000여 자인데, 그 중에서 지금까지 해독된 글자는 2,500자 정도이다. 금문은 갑골문을 기초로 발전한 자체로, 글자의 일부가 선이나 부호로 변하여 상형성이 많이 줄어들었다. 금문의 필획은 갑골문에 비하여 둥글고 굵으며 글자모양도 크지만, 서주(西周) 후기부터는 글자모양이 가늘고 긴 수직형태를 보이며 어느 정도 정형화되었다.

③ 전서(篆書)

전서는 '대전(大篆)'과 '소전(小篆)'으로 나뉘지만, 주로 전서의 대표인 소전을 가리킨다. '대전'은 금문을 기초로 하여 나타난 자체로, 주나라 태사(太史) 사주(史籒)가 만들어 전국시대(戰國時代) 진(秦)나라에서 통용되었다. 진전(秦篆)이라고도 하는 '소전'은 진(秦)나라 승상 이사(李斯) 등이 대전을 간화시켜 만든 새로운 문자로 진나라 때 통용된 표준서체이다. 갑골문과 금문이 국가적 차원의 한자 자체인 반면에, 춘추전국시대(春秋戰國時代)에는 각 제후국(諸侯國)에서 사용하는 한자 자체가 서로 달랐다. 특히 진(秦)나라의 서토문자(西土文字)와 연(燕)·초(楚)·제(齊)·조(趙)·위(魏)·한(韓) 등 육국(六國)의 동토문자(東土文字) 사이에는 많은 차이가 있었다. 진시황(秦始皇)은 육국을 통일한 후에 소전을 표준서체로 삼는 문자규범화 정책인 '서동문(書同文)' 정책을 전국적으로 시행하였다. 이러한 문자규범화 정책으로 한자의 체계는 소전으로 통일되었으며, 그 결과 소전은 표준서체로서의 지위를 갖게 되었다. 소전은 진(秦)나라와 서한(西漢) 중기까지 비교적 짧게 통용된 후 예서(隸書)로 대체되었다. 소전은 상형성이 줄어들고 부호화는 더 강화되었으며, 필획은 길게 이어졌다. 대다수의 소전은 자형이 대폭 간화되고 쓰는 법이 고정되었으며, 필획이나 편방(偏旁 : 한자의 왼쪽을 '偏', 오른쪽을 '旁'이라고 함)을 쓰는 방법도 통일되었다. 글자모양은 둥글고 구불구불한 선이 수직형태를 이루어 전체적으로는 네모반듯해졌다. 동한(東漢) 시기에 허신(許愼)은 한자의 자원(字源)을 설명하는 중국 최초의 자전 『설문해자(說文解字)』를 바로 이 소전으로 썼다.

④ 예서(隸書)

예서는 소전에서 변화 발전된 한자 자체이다. 예서의 횡(橫 : 가로), 수(竪 : 세로), 별(撇 : 왼쪽 삐침), 날(捺 : 오른쪽 삐침), 점(點 : 점), 구(勾/鉤 : 갈고리), 절(折 : 필획방향이 중간에 꺾임) 등의 필획은 모두 소전에서 유래한 것이다. 예서는 정막(程邈)이라는 사람이 죄수로 수감 중에 10년을 연구하여 만들어 진시황(秦始皇)에게 바친 3,000자에서 유래한 자체라고 전해진다. 하지만 일반적으로는 진나라의 가혹한 형벌 통치하에서 죄수들을 다루는 관리들이 쉽고 간편하게 문서를 처리하기 위해 고안해낸 자체라고 알려져 있다. 한자의 자체 변천에서 가장 큰 변화를 이룬 예서는, 둥글고 구불구불한 선이 수직형태를 이룬 소전과는 달리 곧게 구부러지는 필획으로 전체적인 글자모양이 납작한 네모모양으로 변하였다. 예서는 곡선의 회화적 요소가 남아 있던 소전에서 완전히 벗어나 직선의 기호적 성질을 지닌 글자체로 정착되었다. 또한 예서가 나오기 전까지의 역대 한자 자체와는 달리 점(點)이 획의 하나로 처음 쓰였으며, 한자의 상형성이 완전히 사라지고 필획도 간단해져서 쓰는 속도가 매우 빨라졌다.

⑤ 해서(楷書)

해서는 후한(後漢) 말기부터 사용되기 시작하여 위진(魏晉)시대 이후부터 지금까지 통용되는 1,700년 정도의 역사를 가진 한자 자체이다. 동진(東晉)의 왕희지(王羲之)와 당대(唐代)의 구양순(歐陽詢), 안진경(顔眞卿) 등과 같은 걸출한 서예가들이 나오면서 그들 이름의 서체명칭이 생길 정도로 자체의 전형(典型)이 완성되었다. '해(楷)'자는 모범, 본보기, 표준을 의미한다. 즉 표준으로 삼을 만한 규범화된 자체라는 의미에서 '해서'라고 칭한다. 예서를 기초로 하여 발전된 것이지만, 글자의 전체적 윤곽이 납작하게 가로로 퍼진 예서체에 비해 세로로 모인 형상을 지녀 정사각형 모양에 가까워짐으로써 더욱 안정된 자체로 변하였다. 해서는 간단하여 쓰기 쉽고 글자의 구별도 쉬울 뿐만 아니라 자연스럽고 반듯하여 지금까지도 표준서체로 자리 잡고 있다.

⑥ 초서(草書)

초서는 한대(漢代)에 나와 예서, 해서와 동시에 통용되었던 보조적인 성격을 띤 한자 자체이다. '거칠고 단정하지 못하다(草率)'는 의미에서 유래한 초서는 간략하고 자유로우며 극도로 흘려 쓰는 경향을 보인다. 예서나 해서와 같은 규범화된 서체를 쓰는 데 많은 정성과 시간이 필요한 점을 극복하고 보다 간편하고 신속하게 쓰려는 목적에서 나온 초서는, 특징에 따라 장초(章草), 금초(今草), 광초(狂草)로 구분한다. '장초'는 예서에서 발전한 서체로 예서의 구조와 형태를 지니고 있다. 필획이 끊기기도 하고 이어지기도 하지만 글자 크기가 대체로 고른 편이어서 식별하기 어렵지 않다. 초기의 해서를 빨리 쓴 동진(東晋) 시기의 '금초'는 한 글자에서 필획의 마무리가 끊어지지 않고 이어지며, 글자와 글자사이가 서로 이어지기도 한다. 글자의 크기가 고르지 않고 모양은 길쭉한 형태로 필획과 쓰는 법이 간단하여 빨리 쓸 수가 있다. 같은 글자라도 쓰는 방법이 여러 가지 나오다보니 식별이 어려워져 실용적인 면보다는 예술적으로 감상하는 데 그 가치를 두게 되었다. '광초'는 한대(漢代) 장지(張芝)가 창시하고 당대(唐代)에 와서 유행한 서체로, 금초를 기초로 필획을 마음대로 증감하여 심하게 흘려 쓴 것이다.

⑦ 행서(行書)

행서는 해서와 초서의 단점을 보완하여 만들어진 한자 자체이다. 행서는 해서를 흘려서 필획을 정연하게 연이어 쓴 자체로 해서와 초서의 중간 형태를 띠고 있다. 한자 자체의 변천과정에서 초서가 필획수가 가장 적고 흘려 쓴 형태이기 때문에 가장 마지막 단계의 자체로 보일 수도 있지만, 실제 가장 후대에 나온 자체는 행서이다. 행서는 해서를 흘려 쓴 것이지만 나름대로 규칙성을 지니고 있다. 필획을 정연하게 연이어 쓰지만 글자마다 독립적이어서 알아보기 쉽고, 글자형태가 단순하고 글씨 쓰기가 간편하여 해서와 초서의 장점을 모두 갖추고 있다. 이 때문에 행서는 실용적 가치가 매우 높아 사람들이 가장 널리 사용하는 한자 자체가 되었다.

(3) 통용한자와 상용한자

중국 역대의 대표적인 자전(字典)에 수록된 한자의 총수는 지속적으로 늘어났다. 중국 최초의 자전인 한대의 『설문해자(說文解字)』에서 9,353자이던 한자가 청대(淸代)의 『강희자전(康熙字典)』에는 47,043자, 현대의 『중화대자전(中華大字典)』에는 44,908자, 『한어대자전(漢語大字典)』에는 54,678자, 『중화자해(中華字海)』에는 87,019자로 늘어났다. 그러나 이는 고금자(古今字), 이체자(異體字), 번체자(繁體字), 간체자(簡體字) 등과 현재 사용되지 않는 사멸한 글자까지 모두 포함한 숫자여서 표면적인 총수에 불과할 뿐이다. 특히 예시한 자전은 당시에 널리 쓰이는 한자만을 수록한 것이 아니라 고금의 문헌에 나오는 서로 다른 모양의 한자들도 누락시키지 않고 채록한 결과 한자의 총수가 이처럼 방대한 분량에 달하게 되었다. 현대의 각종 대자전(大字典)이 나오기 전까지 줄곧 성행하였던 『강희자전』의 경우, 수록된 47,043자 중에 이체자의 점유율이 거의 40%나 차지한다. 현대에 출판된 각종 대자전에는 지금은 거의 쓰이지 않는 사멸한 글자도 많은 분량을 차지하고 있고, 특히 간체자의 제정으로 자수가 다시 증가하였다.

한대부터 현대에 이르기까지 실제로 사용된 한자는 대략 10,000자를 넘어서지 않는다. 현대중국어에서 통상 사용되는 한자를 '통용한자(通用漢字)'라고 한다. 중국 역대의 주요 문자자료 통계에 따르면, 통용된 한자의 수는 큰 변화가 없이 대략 6,000자 이내였다. 현대에 들어와 새로운 어휘에 대한 수요가 증대되고 있음에도 불구하고, 통용한자는 거의 7,000자를 넘지 않는다. 통용한자 중에서도 현대중국어에서 일상적으로 자주 사용되는 글자인 '상용한자(常用漢字)'는 대략 3,000자 이내로 대폭 줄어든다. 중국 현대 저명작가인 노사(老舍)의 장편소설 『낙타상자(駱駝祥子)』에 쓰인 한자의 수는 2,413자에 불과하다. 이는 사람들이 일상적으로 쓰는 한자가 매우 제한적인 범위에 집중되어 있음을 말해준다. 또 상용한자의 사용빈도 통계에 따르면, 가장 널리 쓰이는 1,000자의 점유율이 90%나 되고, 2,400자 수준에 이르면 점유율이 무려 99%에 달한다. 그러다보니 중국에서는 한자를 상용자(常用字) 2,500자, 차상용자(次常用字) 3,500자, 통용자(通用字) 7,000자로 구분하고 정도에 맞는 규범화된 어문교육을 실시하고 있다.

현대중국어의 '상용한자'는 다음의 특징을 지니고 있다.

첫째, 일상적으로 가장 많이 사용된다. '的', '一', '是', '在', '不', '了', '有', '和', '人', '這' 등이 그 예이다.

둘째, 조어(造語) 능력이 강하여 생산성이 높다. '電'자는 과학기술과 문명의 발달로 인해 그것이 포함된 단어가 무려 수백 개에 달한다.

셋째, 상대적으로 매우 안정된 생명력을 지니고 있다. 시대가 급속히 변하더라도 상용한자는 크게 달라지지 않는다.

넷째, 글씨 쓰기가 매우 간편하다. 사용 빈도가 높은 글자일수록 간화가 많이 되어 필획의 수가 적다.

3. 한자의 개혁과 간화

(1) 한자의 개혁과 간화

한자는 오랜 기간 동안 기본적으로 '네모덩어리 모양의 글자' 원형을 유지해왔지만, 내부적으로는 기호화와 간략화의 과정을 통한 많은 형태 변화가 있어왔다. 발생 초기에는 도화문자의 성격이 강하던 것이 상형문자로 변화하고, 둥글고 복잡한 곡선에서 직선의 간략한 필획으로 발전한 것이 대체적 변천과정이다. 한자는 전통 중국사회에서 갑골문, 금문, 전서, 예서, 해서, 초서, 행서 등의 다양한 자체 변천을 거치는 과정 속에서도 간략화한 글자가 전혀 없지는 않았다. 하지만 그것은 어디까지나 한자 모양과 자체의 자연스런 변화 발전의 결과였지 인위적인 개혁은 아니었다. 반면에 1949년 중화인민공화국(中華人民共和國)이 건국되고서 한자의 규범화와 간략화가 '국가어문정책(國家語文政策)'의 차원에서 대대적으로 이루어졌다. 1950년부터 시작된 의식적인 한자 개혁 사업은 1952년 '중국문자개혁연구위원회'의 성립과 함께 연구와 수정 단계에 들어갔고, 1956년 1월 중국 국무원(國務院)은 515자의 간화자(簡化字)와 54개의 간화편방(簡化偏旁)으로 이루어진 「한자간화방안(漢字簡化方案)」을 공포하였다. 뒤에 시험적 운용과 국가의

규정에 따라 간화자와 간화편방을 편방으로 하여 만들어진 간화자를 보태어 새롭게 정리한 뒤, 1964년 3월 「간화자총표(簡化字總表)」를 제정 공포하고, 1986년 10월에 또 약간의 수정을 가하였다.

중국문자개혁위원회가 편찬한 「간화자총표」(1986년 수정판)는 3개의 표로 구성되어 있는데, 그 속에 총 2,235자의 간화자가 들어 있다. 첫째 표는 독립적으로만 쓰이지 다른 글자의 편방으로는 쓰이지 않는 간화자 350자이다. 둘째 표는 독립 글자이지만 다른 글자의 부분으로도 쓰이는 간화자 132자와 독립 글자로 쓰이지 못하고 다른 글자의 편방으로만 쓰이는 부수(部首) 14종이다. 셋째 표는 둘째 표의 간화자와 간화부수를 응용하여 편방으로 삼아 유추해낸 간화자 1,753자이다. 이 2,235개의 간화자는 간화 이전에 각 글자의 평균 획수가 16.1획이던 것이 간화 이후에 10.3획으로 대폭 줄어들었다. 간화된 글자가 대부분 상용한자로 사용빈도가 매우 높다는 점에서, 간화자는 한자를 쓰는 시간과 노력을 대대적으로 절감시켰다.

간화자는 '간화한자(簡化漢字)' 또는 '간체자(簡體字)'라고도 부른다. 중국에서 필획이 많고 복잡한 정자체(正字體)를 간략히 줄여 만든 자체로 '중국식 약자'이다. 현재 중국에서는 '간체자'라는 말이 널리 통용되면서, 그 이전의 정자(正字)는 상대적으로 '번체자(繁體字)'라고 부르고 있다. 한국과 일본에도 예전부터 사용하던 한자 약자(略字)가 있어 왔는데, 중국의 간체자와 같은 것도 있지만 그 형태가 다른 것이 더 많다. 중화민국(中華民國)을 계승하고 있는 대만(臺灣)에서는 여전히 정자인 번체자를 쓰고 있지만, 현재 전 세계 대부분의 중국인들은 간체자 교육을 받았기 때문에 정자를 제대로 알지 못한다. 근 반세기 동안 간체자의 국가 정책적 보급과 교육에 따라 날이 갈수록 정자를 모르는 현상이 지속되고 있지만, 중국의 고속성장에 따른 국제적 위상이 날로 높아져 현재 간체자가 한자를 대표하는 표준자체로 자리 잡고 있다.

⑵ 한자의 간화 방법

한자의 간화(簡化) 목적은 주로 필획을 줄여 누구나 쓰기 편하도록 하려는 것이다. 동일한 글자의 번체자와 간체자를 대조해보면 한자의 간화 방법을 어느 정도 파악할 수 있다. 한자의 간화 방법을 개괄적으로 정리하여 소개하면 다음과 같다.

① 고체자(古體字) 중에서 필획이 간단한 것을 채택하여 간화한 경우

從-从, 衆-众, 禮-礼, 無-无 (모두 『설문해자』에 나옴)

② **초서(草書)를 해서화(楷書化)하는 방법으로 간화한 경우**

書－书, 爲－为, 東－东, 學－学, 專－专, 農－农, 興－兴

③ **필획을 대량으로 줄여서 원래 글자의 윤곽만 남겨 간화한 경우**

魚－鱼, 單－单, 變－变, 沖－冲, 勞－劳, 莊－庄, 燭－烛, 傷－伤, 龜－龟, 當－当, 蘇－苏

④ **간단한 부호로 번체자의 일부분을 대체하여 간화한 경우**

觀－观, 戲－戏, 區－区, 歲－岁, 羅－罗, 劉－刘, 齊－齐, 這－这, 對－对, 風－风, 鄧－邓, 趙－赵, 漢－汉, 聯－联, 邊－边 , 鷄－鸡

⑤ **간단한 부호로 전체 글자를 대체하여 간화한 경우**

義－义, 頭－头, 聽－听, 靈－灵, 蘭－兰, 竈－灶, 衛－卫, 塵－尘

⑥ **자형의 일부분을 취하여 전체를 대표하여 간화한 경우**

術－术, 豐－丰, 醫－医, 習－习, 婦－妇, 隨－随, 號－号, 競－竞, 麽－么, 奪－夺, 齒－齿, 廣－广, 産－产, 傘－伞, 縣－县, 穩－稳

⑦ **필획이 간단하면서 음이 같거나 비슷한 글자로 교체하여 간화한 경우**

幾－几, 後－后, 繫－系, 嚮－向, 築－筑, 醜－丑, 穀－谷, 瞭－了, 鬆－松, 鬱－郁, 籲－吁

⑧ **형성자의 '소리부(聲符)'를 필획이 간단한 다른 자로 대체하여 간화한 경우**

億－亿, 憶－忆, 優－优, 猶－犹, 遷－迁, 燈－灯, 態－态, 郵－邮, 價－价, 階－阶, 種－种, 僅－仅, 潔－洁, 運－运, 遠－远, 園－园

⑨ **형성자에서 불필요한 편방을 없애서 간화한 경우**

錶－表, 麵－面, 錄－录, 捨－舍, 務－务, 類－类, 鬍－胡, 製－制

⑩ **편방의 필획을 줄이고, 이를 바탕으로 다른 글자를 유추하여 간화한 경우**

煉－炼, 鍊－炼, 練－练, 僑－侨, 橋－桥, 驕－骄, 矯－矫

중국어 상용한자

500자 해설

的	的	【字音】 de ; dí ; dì (적) 【字義】 ~의 ; 적중하다, 정말로, 확실히 ; 과녁, 목표 【解說】 조사(단어나 구 뒤에 사용) ; 동사, 부사 ; 명사

甲骨		我的 wǒ de	的士 díshì
金文		的話 de huà	目的 mùdì
篆書		的確 díquè	一語中的 yì yǔ zhòng dì
隷書		的當 dídāng	衆矢之的 zhòng shǐ zhī dì
		的證 dízhèng	有的放矢 yǒu dì fàng shǐ

一	一	【字音】 yī (일) 【字義】 하나, 일 ; 같다, 온통, 한결같은 【解說】 수사 ; 형용사

甲骨		一般 yìbān	一起 yìqǐ
金文		一點(兒) yìdiǎn(r)	一切 yíqiè
篆書		一定 yídìng	一些 yìxiē
隷書		一會(兒) yíhuì(r)	一樣 yíyàng
		一塊(兒) yíkuài(r)	一直 yìzhí

了	了	【字音】le ; liǎo (료) 【字義】동작/변화 완료, 어기 ; 마치다(了), 잘 알다(瞭) 【解說】조사(완료, 어기 표시) ; 동사

書體	字形	單語	單語
甲骨		了[瞭]解 liǎojiě	了事 liǎoshì
金文		了不起 liǎo bù qǐ	了無痕迹 liǎo wú hěn jí
		了不相干 liǎo bù xiāng gān	一了百了 yì liǎo bǎi liǎo
篆書		了結 liǎojié	一目了[瞭]然 yí mù liǎo rán
隸書		了[瞭]然 liǎorán	了[瞭]如指掌 liǎo rú zhǐ zhǎng

是	是	【字音】shì (시) 【字義】~이다 ; 맞다, 옳다 【解說】동사(판단) ; 형용사

書體	字形	單語	單語
甲骨		是的 shìde	是時候 shì shíhou
金文		是非 shìfēi	是是非非 shì shì fēi fēi
		是否 shìfǒu	是古非今 shì gǔ fēi jīn
篆書		是~的 shì~de	一無是處 yì wú shì chù
隸書		是凡 shìfán	自以爲是 zì yǐ wéi shì

不	不	【字音】 bù (불/부) 【字義】 아니다, ~할 필요 없다 【解說】 부사(부정, 불가능, 반어, 의문)

甲骨		不錯 búcuò	不用 búyòng
金文		不但 búdàn	不比 bùbǐ
		不久 bùjiǔ	不管 bùguǎn
篆書		不如 bùrú	不過 búguò
隷書		不要 búyào	不僅 bùjǐn

我	我	【字音】 wǒ (아) 【字義】 나, 저, 우리, 여러 사람 【解說】 대명사(인칭)

甲骨		我們 wǒmen	我敢說 wǒ gǎn shuō
金文		我方 wǒfāng	我說呢 wǒ shuō ne
		我國 wǒguó	我就不信 wǒ jiu bú xìn
篆書		我校 wǒxiào	敵我矛盾 dí wǒ máo dùn
隷書		我行我素 wǒ xíng wǒ sù	自我 zìwǒ

在 在

【字音】 zài (재)

【字義】 존재하다, ~에 있다 ; ~에(서) ; 막 ~하려 하다

【解說】 동사(존재) ; 전치사 ; 부사

甲骨		在於 zàiyú	在內 zàinèi
金文		在座 zàizuò	在世 zàishì
篆書		在乎 zàihū	在野 zàiyě
隸書		在意 zàiyì	在職 zàizhí
		在場 zàichǎng	在劫難逃 zài jié nán táo

有 有

【字音】 yǒu (유)

【字義】 있다, 가지고 있다, 생기다, 나타나다

【解說】 동사(존재, 소유)

甲骨		有的 yǒude	有利 yǒulì
金文		有名 yǒumíng	有趣 yǒuqù
篆書		有些 yǒuxiē	有時 yǒushí
隸書		有關 yǒuguān	有效 yǒuxiào
		有力 yǒulì	有用 yǒuyòng

人	人	【字音】 rén (인) 【字義】 사람, 인간, 타인(다른 사람), 성인(어른) 【解說】 명사
甲骨		人民 rénmín / 人類 rénlèi
金文		人才 réncái / 人物 rénwù
篆書		人工 réngōng / 人員 rényuán
隸書		人家 rénjiā / 人造 rénzào 人口 rénkǒu / 人間 rénjiān

這	这	【字音】 zhè (저) 【字義】 이, 이것(가까이 있는 사람이나 사물을 가리킴) 【解說】 대명사(지시)
甲骨		這個 zhège / 這邊 zhèbiān
金文		這裏 zhèli / 這會兒 zhèhuìr
篆書	 (籀文)	這麽 zhème / 這兒 zhèr 這些 zhèxiē / 這時(候) zhèshí(hou)
隸書		這樣 zhèyàng / 這樣一來 zhè yàng yì lái

他 他

【字音】 tā (타)

【字義】 그(사람), 다른 것(它)

【解說】 대명사(인칭, 지시)

甲骨	
金文	
篆書	
隸書	

他們 tāmen

他人 tārén

他日 tārì

他鄉 tāxiāng

他力 tālì

他年 tānián

他殺 tāshā

他山攻錯 tā shān gōng cuò

他山之石 tā shān zhī shí

其他[它] qítā

們 们

【字音】 men ; mén (문)

【字義】 ~들(복수) ; 땅이름

【解說】 접미사(대명사나 명사 뒤에 쓰여 복수를 나타냄)

甲骨	
金文	
篆書	
隸書	

我們 wǒmen

你們 nǐmen

他們 tāmen

她們 tāmen

它們 tāmen

偺[咱]們 zánmen

人們 rénmen

朋友們 péngyoumen

老爺爺們 lǎoyéyemen

圖們 Túmén

來	来	【字音】 lái (내/래) 【字義】 오다, 발생하다, ~하러 오다 ; 미래의, 장래의 【解說】 동사 ; 형용사 ; '麥'의 본자

甲骨		來不及 láibují	來回 láihuí
金文		來得及 láidejí	來客 láikè
篆書		來信 láixìn	來往 láiwǎng
		來自 láizì	來源 láiyuán
隸書		來賓 láibīn	來訪 láifǎng

個	个	【字音】 gè (개) 【字義】 개 (사물), 명 (사람) ; 단독의, 개별의 ; 키 【解說】 양사 ; 형용사 ; 명사 ; '個' '箇' '个' 통용

甲骨		個別 gèbié	個體戶 gètǐhù
金文		個人 gèrén	個性 gèxìng
篆書	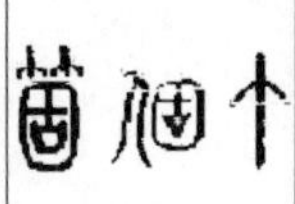	個體 gètǐ	個把 gèbǎ
		個子 gèzi	個個 gègè
隸書		個兒 gèr	個中 gèzhōng

上 上

【字音】 shàng (상)

【字義】 위 ; 상등의 ; 위로 ; 오르다, 타다, ~일을 하다

【解說】 명사(방위), 형용사 ; 부사 ; 동사

甲骨	
金文	
篆書	
隸書	

上邊 shàngbian	上學 shàngxué
上課 shàngkè	上班 shàngbān
上來 shànglai	上當 shàngdàng
上去 shàngqu	上級 shàngjí
上午 shàngwǔ	上面 shàngmian

地 地

【字音】 de ; dì (지)

【字義】 조사 ; 땅, 지구, 바닥, 지방

【解說】 조사(부사어 단어나 구 뒤에 사용) ; 명사

甲骨	
金文	
篆書	
隸書	

慢慢地 mànmande	地球 dìqiú
地方 dìfang	地圖 dìtú
地帶 dìdài	地位 dìwèi
地點 dìdiǎn	地下 dìxia
地面 dìmiàn	地址 dìzhǐ

大	大	【字音】dà (대)
		【字義】크다, (나이가) 많다 ; 첫 번째, 어른
		【解說】형용사 ; 명사 ; 갑골, 금문에서 '大' '太' 통용

書體	字形	單語	單語
甲骨		大概 dàgài	大會 dàhuì
金文		大聲 dàshēng	大家 dàjiā
篆書		大學 dàxué	大量 dàliàng
隸書		大膽 dàdǎn	大陸 dàlù
		大多數 dàduōshù	大批 dàpī

著	着	【字音】zhe (저) ; zháo ; zhuó (착)
		【字義】~하고 있다 ; 받다 ; 입다
		【解說】조사(지속) ; 동사 ; 속자는 '着'

書體	字形	單語	單語
甲骨		着呢 zhene	着手 zhuóshǒu
金文		着急 zháojí	着重 zhuózhòng
篆書		着涼 zháoliáng	着想 zhuóxiǎng
隸書		着火 zháohuǒ	着筆 zhuóbǐ
		着忙 zháománg	着陸 zhuólù

就 就

【字音】jiù (취)

【字義】곧, 꼭 ; 이루다, 가까이하다 ; ~에 대하여

【解說】부사 ; 동사 ; 전치사

甲骨

金文 

篆書 

隸書 

就是 jiùshì

就算 jiùsuàn

就餐 jiùcān

就業 jiùyè

就地 jiùdì

就職 jiùzhí

就近 jiùjìn

就中 jiùzhōng

就要~了 jiùyào ~le

就事論事 jiù shì lùn shì

你 你

【字音】nǐ (니)

【字義】너, 당신

【解說】대명사(인칭) ; 본자는 '爾'

甲骨 

金文 

篆書 

隸書 

你們 nǐmen

你敬我愛 nǐ jìng wǒ ài

你看 nǐ kàn

你來我往 nǐ lái wǒ wǎng

你說 nǐ shuō

你還別說 nǐ hái bié shuō

你想 nǐ xiǎng

你一言, 我一語。

你死我活 nǐ sǐ wǒ huó

Nǐ yì yán, Wǒ yì yǔ。

說	说	【字音】shuō (설) ; shuì (세) 【字義】말하다 ; 주장, 이론, 학설 ; 유세하다 【解說】동사 ; 명사 ; 동사
甲骨		
金文		
篆書		
隷書		

說明 shuōmíng

說法 shuōfa

說服 shuōfú

說慌 shuōhuǎng

說情 shuōqíng

說長道短 shuō cháng dào duǎn

說得過去 shuō de guò qù

說來話長 shuō lái huà cháng

說來說去 shuō lái shuō qù

說一不二 shuō yī bú èr

到	到	【字音】dào (도) 【字義】~까지 ; 이르다, 도착하다 ; 주도면밀하다 【解說】전치사 ; 동사 ; 형용사
甲骨		
金文		
篆書		
隷書		

到處 dàochù

到達 dàodá

到底 dàodǐ

到期 dàoqī

到場 dàochǎng

到頂 dàodǐng

到任 dàorèn

到手 dàoshǒu

到頭 dàotóu

不到之處 búdào zhī chù

和	和	【字音】hé ; hè ; huó/huò ; huo (화) 【字義】~와, 평화롭다, 화목하다 ; 화답하다 ; 반죽하다 【解說】접속사, 전치사, 형용사 ; 동사 ; 동사

甲骨		和平 héping	和諧 héxié
金文		和藹 hé'ǎi	和約 héyuē
篆書		和解 héjiě	和氣 héqì
隸書		和睦 hémù	和詩 hèshī
		和尙 héshàng	暖和 nuǎnhuo

子	子	【字音】zǐ ; zi (자) 【字義】아들, 사람에 대한 통칭 ; 명사화하는 접미사 【解說】명사 ; 접미사

甲骨		子弟 zǐdì	子息 zǐxī
金文		子孫 zǐsūn	子夜 zǐyè
篆書		子代 zǐdài	子音 zǐyīn
隸書		子女 zǐnǚ	桌子 zhuōzi
		子書 zǐshū	椅子 yǐzi

要	要	【字音】 yào ; yāo (요) 【字義】 원하다, 필요하다, ~하려 하다 ; 요구하다 【解說】 동사, 조동사 ; 동사
甲骨		
金文		
篆書		
隸書		

要是 yàoshì	要點 yàodiǎn
要緊 yàojǐn	要好 yàohǎo
要不 yàobù	要領 yàolǐng
要不然 yàoburán	要素 yàosù
要不是 yàobúshì	要求 yāoqiú

裏	里	【字音】 lǐ (이/리) 【字義】 속, 안 ; 마을, 거리(里) 【解說】 명사(방위) ; '裏'의 대만 번체자는 '裡'
甲骨		
金文		
篆書		
隸書		

裏邊 lǐbian	裏屋 lǐwū
裏面 lǐmian	裏出外進 lǐ chū wài jìn
裏頭 lǐtou	裏應外合 lǐ yìng wài hé
裏脊 lǐji	這裏 zhèli
裏間 lǐjiān	里程(碑) lǐchéng(bēi)

麽	么	【字音】 me ; mó (마)
		【字義】 무엇, 어찌
		【解說】 접미사(대명사, 부사 뒤에 쓰임) ; 조사

甲骨		什麽 shénme	爲什麽 wèishénme
金文		怎麽 zěnme	怎麽樣 zěnmeyàng
篆書		這麽 zhème	幺麽 yāomó (미세하다)
隸書		那麽 nàme	
		多麽 duōme	

得	得	【字音】 de ; dé ; děi (득)
		【字義】 조사 ; 얻다 ; ~해야 한다, ~하지 않을 수 없다
		【解說】 조사(결과/정도보어) ; 동사 ; 조동사

甲骨		寫得淸楚 xiě de qīngchu	得力 délì
金文		得到 dédào	得以 déyǐ
篆書		得病 débìng	得罪 dézuì
隸書		得了 déle	得意揚揚 dé yì yáng yáng、
		得意 déyì	得隴望蜀 dé Lǒng wàng Shǔ

去	去	【字音】 qù (거)
		【字義】 가다, 떠나다, 없애다 ; 지나간, 과거의
		【解說】 동사 ; 형용사

甲骨		去年 qùnián	去職 qùzhí
金文		去世 qùshì	去路 qùlù
篆書		去處 qùchù	去任 qùrèn
		去留 qùliú	去歲 qùsuì
隸書		去聲 qùshēng	去故就新 qù gù jiù xīn

也	也	【字音】 yě (야)
		【字義】 ~도
		【解說】 부사(범위) ; 조사(어기)

甲骨		也許 yěxǔ	我妹妹也是學生。
金文		也罷 yěbà	我們也划船, 也游泳。
		也是 yě shì	你不說我也知道。
篆書		也好 yě hǎo	我死也不能承認。
隸書		也不是 yě bú shì	一句(話)也不說。

那	那	【字音】 nà (나) 【字義】 그, 저(멀리 떨어져 있는 사람, 사물을 가리킴) 【解說】 대명사(지시)
甲骨		
金文		
篆書		
隸書		

那個 nàge

那裏 nàli

那麽 nàme

那些 nàxiē

那樣 nàyàng

那邊 nàbian

那時 nàshí

那兒 nàr

那麽點兒 nàmediǎnr

那麽些 nàmexiē

會	会	【字音】 huì ; kuài (회) 【字義】 ~할 수 있다, 모이다 ; 통계하다, 회계하다 【解說】 조동사, 동사 ; 동사
甲骨		
金文		
篆書		
隸書		

會話 huìhuà

會場 huìchǎng

會見 huìjiàn

會客 huìkè

會談 huìtán

會議 huìyì

會同 huìtóng

會晤 huìwù

會員 huìyuán

會計 kuàijì

主	主	【字音】 zhǔ (주) 【字義】 주인 ; 주관하다, 주장하다 ; 기본적인, 자신의 【解說】 명사 ; 동사 ; 형용사

甲骨		主要 zhǔyào	主任 zhǔrèn
金文		主意 zhǔyì	主席 zhǔxí
篆書		主動 zhǔdòng	主張 zhǔzhāng
隷書		主觀 zhǔguān	主持 zhǔchí
		主人 zhǔrén	主權 zhǔquán

時	时	【字音】 shí (시) 【字義】 때, 시간, 시기 ; 일시의 ; 자주, 이따금 【解說】 명사 ; 형용사 ; 부사

甲骨		時候 shíhou	時常 shícháng
金文		時間 shíjiān	時機 shíjī
篆書		時代 shídài	時節 shíjié
隷書		時刻 shíkè	時時 shíshí
		時期 shíqī	時光 shíguāng

出	出	【字音】chū (출) 【字義】나가다, 나오다, 나타나다, 발산하다 【解說】동사

甲骨		出發 chūfā	出口 chūkǒu
金文		出來 chūlai	出生 chūshēng
篆書		出去 chūqu	出席 chūxí
隷書		出現 chūxiàn	出院 chūyuàn
		出版 chūbǎn	出路 chūlù

下	下	【字音】xià (하) 【字義】아래, 다음(번) ; 내리다, (일 등을) 마치다 【解說】명사(방위) ; 동사

甲骨		下邊 xiàbian	下班 xiàbān
金文		下面 xiàmian	下課 xiàkè
篆書		下來 xiàlai	下降 xiàjiàng
隷書		下去 xiàqu	下午 xiàwǔ
		下列 xiàliè	下旬 xiàxún

國	国	【字音】 guó (국) 【字義】 나라, 국가, 자기 나라의 것 【解說】 명사 ; 갑골 : 창(戈)으로 성읍(口)을 보위하는 모양

甲骨		國家 guójiā	國旗 guóqí
金文		國際 guójì	國慶 guóqìng
篆書		國王 guówáng	國産 guóchǎn
隸書		國防 guófáng	國法 guófǎ
		國籍 guójí	國力 guólì

過	过	【字音】 guò (과) 【字義】 지나다, 초과하다 ; 과오, 잘못 ; ~한 적이 있다 【解說】 동사 ; 명사 ; 조사(경험)

甲骨		過來 guòlai	過分 guòfèn
金文		過去 guòqu	過度 guòdù
篆書		過程 guòchéng	過後 guòhòu
隸書		過年 guònián	吃過 chīguo
		過渡 guòdù	去過 qùguo

爲	为	【字音】 wéi ; wèi (위) 【字義】 하다, 삼다, 여기다, ~당하다 ; 위하여, ~때문에 【解說】 동사, 전치사 ; 전치사

甲骨		爲難 wéinán	爲觀衆所接受 wéi~suǒ~
金文		爲首 wéishǒu	爲了 wèile
篆書		爲止 wéizhǐ	爲什麽 wèishénme
		爲期 wéiqī	爲何 wèihé
隸書		爲人 wéirén	爲此 wèicǐ

好	好	【字音】 hǎo ; hào (호) 【字義】 좋다, 매우 ; 좋아하다 【解說】 형용사, 부사 ; 동사

甲骨		好吃 hǎochī	好久 hǎojiǔ
金文		好處 hǎochu	好容易 hǎoróngyì
篆書		好看 hǎokàn	好聽 hǎotīng
		好像 hǎoxiàng	好些 hǎoxiē
隸書		好好兒 hǎohāor	好奇 hàoqí

看	看	【字音】 kàn ; kān (간) 【字義】 보다, 생각하다, 진료하다 ; 지키다, 간호하다 【解說】 동사
甲骨		
金文		
篆書		
隸書		

看病 kànbìng	看起來 kànqilái
看見 kànjian	看不起 kàn bu qǐ
看法 kànfǎ	看樣子 kàn yàngzi
看來 kànlai	看護 kānhù
看望 kànwàng	看家 kānjiā

生	生	【字音】 shēng (생) 【字義】 태어나다, 자라나다, 살다 ; 생생하다, 생소하다 【解說】 동사 ; 형용사
甲骨		
金文		
篆書		
隸書		

生産 shēngchǎn	生命 shēngmìng
生詞 shēngcí	生氣 shēngqì
生活 shēnghuó	生意 shēngyi
生日 shēngri	生長 shēngzhǎng
生動 shēngdòng	栩栩如生 xǔxǔ rú shēng

可	可	【字音】 kě (가) 【字義】 가하다 ; ~할 만하다 ; 그러나, 하지만 【解說】 동사 ; 조동사 ; 접속사

甲骨		可能 kěnéng	可憐 kělián
金文		可是 kěshì	可怕 kěpà
篆書		可以 kěyǐ	可不是 kěbúshi
隸書		可愛 kě'ài	可見 kějiàn
		可靠 kěkào	可惜 kěxī

以	以	【字音】 yǐ (이) 【字義】 ~(으)로(써), ~에 의해, ~에게 ~를 주다 【解說】 전치사

甲骨		以後 yǐhòu	以內 yǐnèi
金文		以前 yǐqián	以上 yǐshàng
篆書		以爲 yǐwéi	以外 yǐwài
隸書		以及 yǐjí	以下 yǐxià
		以來 yǐlái	以便 yǐbiàn

還	还	【字音】hái ; huán (환) 【字義】아직, 또, 여전히, 일찍이 ; 돌아가다, 돌려주다 【解說】부사 ; 동사
甲骨		還是 háishi / 還本 huánběn
金文		還好 háihǎo / 還價 huánjià
篆書		還有 háiyǒu / 還禮 huánlǐ
隸書		還原 huányuán / 還情 huánqíng
		還報 huánbào / 還手 huánshǒu

學	学	【字音】xué (학) 【字義】배우다, 흉내 내다 ; 학문, 학과 【解說】동사 ; 명사
甲骨		學生 xuésheng / 學期 xuéqī
金文		學習 xuéxí / 學術 xuéshù
篆書		學校 xuéxiào / 學問 xuéwen
隸書		學院 xuéyuàn / 學會 xuéhuì
		學費 xuéfèi / 學科 xuékē

起	起	【字音】 qǐ (기) 【字義】 일어나다, 시작하다, 세우다, 발생하다 【解說】 동사

甲骨		起床 qǐchuáng	起草 qǐcǎo
金文		起初 qǐchū	起點 qǐdiǎn
篆書		起飛 qǐfēi	起伏 qǐfú
隸書		起義 qǐyì	起碼 qǐmǎ
		起源 qǐyuán	起身 qǐshēn

都	都	【字音】 dōu ; dū (도) 【字義】 모두, 이미, ~조차도 ; 대도시, 수도 【解說】 부사(범위) ; 명사

甲骨		都是 dōushì	都城 dūchéng
金文		都有 dōu yǒu	都會 dūhuì
篆書		也都 yě dōu	國都 guódū
隸書		全都 quándōu	首都 shǒudū
		都市 dūshì	省都 shěngdū

年	年	【字音】 nián (년/연) 【字義】 년, 해 ; 년, 나이, 일생의 한 시기 【解說】 양사 ; 명사 ; 본자는 '秊'

甲骨		年級 niánjí	年度 niándù
金文		年紀 niánjì	年頭兒 niántóur
篆書		年輕 niánqīng	年齡 niánlíng
隸書		年代 niándài	年歲 niánsuì
		年青 niánqīng	年富力强 nián fù lì qiáng

小	小	【字音】 xiǎo (소) 【字義】 작다, 적다, 약하다, 어리다 ; 조금 ; 경시하다 【解說】 형용사 ; 부사 ; 동사

甲骨		小孩(兒) xiǎohái(r)	小米 xiǎomǐ
金文		小姐 xiǎojie	小朋友 xiǎopéngyou
篆書		小時 xiǎoshí	小說 xiǎoshuō
隸書		小伙子 xiǎohuǒzi	小心 xiǎoxīn
		小麥 xiǎomài	小學 xiǎoxué

沒 没

【字音】méi ; mò (몰)

【字義】아직 ~않다, 없다 ; 숨다, 잠기다, 몰수하다

【解說】부사(부정), 동사 ; 동사

甲骨	
金文	
篆書	
隸書	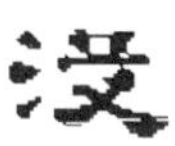

沒有 méiyou

沒錯 méi cuò

沒關係 méi guānxi

沒什麼 méi shénme

沒意思 méi yìsi

沒事 méishì

沒用 méiyòng

沒落 mòluò

沒世 mòshì

沒齒不忘 mò chǐ bú wàng

能 能

【字音】néng (능)

【字義】~할 수 있다 ; 재능, 에너지

【解說】동사, 조동사 ; 명사 ; '熊'의 본자

甲骨	
金文	
篆書	
隸書	

能夠 nénggòu

能幹 nénggàn

能力 nénglì

能源 néngyuán

能量 néngliàng

能手 néngshǒu

能動 néngdòng

能工巧匠 néng gōng qiǎo jiàng

能屈能伸 néng qū néng shēn

能說會道 néng shuō huì dào

多	多	【字音】duō (다) 【字義】많다, 크다, 지나치다 ; 초과하다 ; 얼마나 【解說】형용사 ; 동사 ; 부사

甲骨		多麽 duōme	多多益善 duō duō yì shàn
金文		多少 duōshao	多才多藝 duō cái duō yì
篆書		多數 duōshù	多謀善斷 duō móu shàn duàn
		多半 duōbàn	多如牛毛 duō rú niú máo
隸書		多虧 duōkuī	多種多樣 duō zhǒng duō yàng

天	天	【字音】tiān (천) 【字義】하늘, 낮, 날, 일, 계절, 기후 ; 타고난, 천부의 【解說】명사 ; 형용사

甲骨		天氣 tiānqì	天然 tiānrán
金文		天才 tiāncái	天生 tiānshēng
篆書		天空 tiānkōng	天堂 tiāntáng
		天上 tiānshàng	天下 tiānxià
隸書		天地 tiāndì	天長地久 tiān cháng dì jiǔ

工	工	【字音】gōng (공) 【字義】일꾼, 작업, 노동, 일 ; 정교하다 ; ~에 능숙하다 【解說】명사 ; 형용사 ; 동사

甲骨		工廠 gōngchǎng	工夫 gōngfu
金文		工人 gōngren	工會 gōnghuì
篆書		工業 gōngyè	工具 gōngjù
隸書		工作 gōngzuò	工藝品 gōngyìpǐn
		工程 gōngchéng	工資 gōngzī

家	家	【字音】jiā (가) 【字義】집 ; 전문 분야 종사자, 학파 【解說】명사 ; 접미사 ; 양사(집, 점포, 공장을 세는 단위)

甲骨		家常 jiācháng	家務 jiāwù
金文		家伙 jiāhuo	家長 jiāzhǎng
篆書		家屬 jiāshǔ	家喩戶曉 jiā yù hù xiǎo
隸書		家庭 jiātíng	作家 zuòjiā
		家鄉 jiāxiāng	小說家 xiǎoshuōjiā

把 把

【字音】 bǎ ; bà (파)

【字義】 쥐다 ; 번, 차례 ; ~으로 ; 자루, 손잡이, 줄기(bà)

【解說】 동사 ; 양사 ; 전치사 ; 명사

甲骨		把握 bǎwò	把持 bǎchí
金文		把柄 bǎbǐng	把家 bǎjiā
篆書		把關 bǎguān	刀把 dāobà
隸書	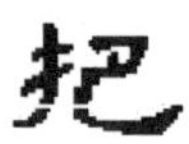	把手 bǎshou	花把兒 huābàr
		把戲 bǎxì	梨把兒 líbàr

動 动

【字音】 dòng (동)

【字義】 움직이다, 바꾸다, 행동하다 ; 동적인 ; 걸핏하면

【解說】 동사 ; 형용사 ; 부사

甲骨		動物 dòngwù	動員 dòngyuán
金文		動人 dòngrén	動作 dòngzuò
篆書		動身 dòngshēn	動機 dòngjī
隸書		動手 dòngshǒu	動靜 dòngjìng
		動物園 dòngwùyuán	動力 dònglì

用	用	【字音】 yòng (용) 【字義】 쓰다, (음식을) 들다, 마시다 ; 용도, 비용 【解說】 동사 ; 명사

甲骨	
金文	
篆書	
隸書	

用不着 yòng bu zháo

用處 yòngchu

用功 yònggōng

用力 yònglì

用品 yòngpǐn

用途 yòngtú

用心 yòngxīn

用法 yòngfǎ

用戶 yònghù

用具 yòngjù

對	对	【字音】 duì (대) 【字義】 옳다 ; 대하다, 대답하다 ; ~에게 【解說】 형용사 ; 동사 ; 전치사

甲骨	
金文	
篆書	
隸書	

對不起 duì bu qǐ

對比 duìbǐ

對待 duìdài

對方 duìfāng

對付 duìfu

對話 duìhuà

對面 duìmiàn

對象 duìxiàng

對立 duìlì

對於 duìyú

中 中

【字音】 zhōng ; zhòng (중)

【字義】 가운데, 중앙 ; 맞추다, 합격하다, 적중하다

【解說】 명사(방위) ; 동사

甲骨	
金文	
篆書	
隸書	

中間 zhōngjiān	中餐 zhōngcān
中午 zhōngwǔ	中藥 zhōngyào
中學 zhōngxúe	中文 Zhōngwén
中心 zhōngxīn	中意 zhòngyì
中央 zhōngyāng	中獎 zhòngjiǎng

作 作

【字音】 zuò (작)

【字義】 일어나다, 글 쓰다, ~로 여기다, (일)하다 ; 일터

【解說】 동사 ; 명사

甲骨	
金文	
篆書	
隸書	

作業 zuòyè	作爲 zuòwéi
作家 zuòjiā	作用 zuòyòng
作者 zuòzhě	作風 zuòfēng
作品 zuòpǐn	作物 zuòwù
作文 zuòwén	作戰 zuòzhàn

自	自	【字音】 zì (자) 【字義】 자기, 스스로 ; 자연히 ; ~에서(부터) 【解說】 대명사 ; 부사 ; 전치사 ; '鼻'의 본자

甲骨		自己 zìjǐ	自我 zìwǒ
金文		自行車 zìxíngchē	自學 zìxué
篆書		自動 zìdòng	自由 zìyóu
隸書		自費 zìfèi	自身 zìshēn
		自覺 zìjué	自信 zìxìn

發	发	【字音】 fā ; fà (발) 【字義】 쏘다, 가다, 보내다 ; 머리카락(髮 : fà) 【解說】 동사 ; 양사 ; 명사

甲骨		發燒 fāshāo	發達 fādá
金文	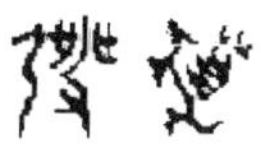	發生 fāshēng	發動 fādòng
篆書		發現 fāxiàn	發揮 fāhuī
隸書		發展 fāzhǎn	發明 fāmíng
		發表 fābiǎo	發言 fāyán

又	又	【字音】 yòu (우) 【字義】 또, 다시, 한편, 그 위에 ; ~하였으나 또 【解說】 부사 ; 약한 역접으로 '可是'에 상당함

甲骨		又稱 yòuchēng	又一次 yòu yícì
金文		又名 yòumíng	又夾着 yòujiāzhe
篆書		又叫 yòujiào 又及 yòují	又拉又打 yòu lā yòu dǎ 又驚又喜 yòu jīng yòu xǐ
隸書		又加上 yòujiāshang	又紅又專 yòu hóng yòu zhuān

同	同	【字音】 tóng (동) 【字義】 함께 ; 같다 ; ~와 같다 ; ~과 함께, ~에게 ; ~과 【解說】 부사 ; 형용사 ; 동사 ; 전치사 ; 접속사

甲骨		同時 tóngshí	同屋 tóngwū
金文		同學 tóngxué	同樣 tóngyàng
篆書		同意 tóngyì 同志 tóngzhì	同伴 tóngbàn 同胞 tóngbāo
隸書		同情 tóngqíng	同盟 tóngméng

民	民	【字音】 mín (민) 【字義】 백성, 국민, 민간, 어떤 직업에 종사하는 사람 【解說】 명사

甲骨	
金文	
篆書	
隷書	

民族 mínzú	民事 mínshì
民主 mínzhǔ	民意 mínyì
民間 mínjiān	民衆 mínzhòng
民用 mínyòng	民情 mínqíng
民航 mínháng	民心 mínxīn

麵	面	【字音】 miàn (면) 【字義】 낯, 얼굴(面) ; 밀가루, 국수(麵) 【解說】 명사

甲骨	
金文	
篆書	 
隷書	

面對 miànduì	面積 miànjī
面孔 miànkǒng	面臨 miànlín
面貌 miànmào	面子 miànzi
面目 miànmù	麵包 miànbāo
面前 miànqián	麵條 miàntiáo

想	想	【字音】 xiǎng (상)
		【字義】 생각하다, 그리워하다, 추측하다 ; ~하려 하다
		【解說】 동사 ; 조동사

甲骨	
金文	
篆書	
隸書	

想法 xiǎngfǎ/xiǎngfa	想必 xiǎngbì
想念 xiǎngniàn	想來 xiǎnglái
想像 xiǎngxiàng	想頭 xiǎngtou
想方設法 xiǎng fāng shè fǎ	想望 xiǎngwàng
想見 xiǎngjiàn	想入非非 xiǎng rù fēi fēi

樣	样	【字音】 yàng (양)
		【字義】 모양, 모습, 본보기 ; 종류, 형태
		【解說】 명사 ; 양사

甲骨	
金文	
篆書	
隸書	

樣子 yàngzi	樣板 yàngbǎn
樣兒 yàngr	樣書 yàngshū
樣品 yàngpǐn	榜樣 bǎngyàng
樣式 yàngshì	一模一樣 yì mú yí yàng
樣本 yàngběn	多種多樣 duō zhǒng duō yàng

成 成

【字音】 chéng (성)

【字義】 이루다, ~가 되다 ; 고정된, 성숙한 ; 성과. 성취

【解說】 동사 ; 형용사 ; 명사

甲骨 

金文 

篆書 

隸書 

成績 chéngjì	成立 chénglì
成分 chéngfèn	成熟 chéngshú
成功 chénggōng	成爲 chéngwéi
成果 chéngguǒ	成長 chéngzhǎng
成就 chéngjiù	成語 chéngyǔ

義 义

【字音】 yì (의)

【字義】 정의, 의미, 의의 ; 의로운, 올바른

【解說】 명사 ; 형용사

甲骨 

金文 

篆書 

隸書 

義務 yìwù	義氣 yìqi
義不容辭 yì bù róng cí	義士 yìshì
義憤 yìfèn	義無反顧 yì wú fǎn gù
義擧 yìjǔ	義勇 yìyǒng
義軍 yìjūn	義正詞嚴 yì zhèng cí yán

後	后	
		【字音】 hòu (후)
		【字義】 뒤, 후손, 자손 ; 뒤의, 나중의 ; 황후(后)
		【解說】 명사(방위) ; 형용사 ; 명사

甲骨		後邊 hòubian	後天 hòutiān
金文	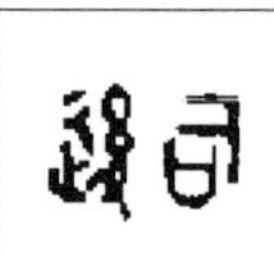	後悔 hòuhuǐ	後代 hòudài
		後來 hòulái	後果 hòuguǒ
篆書	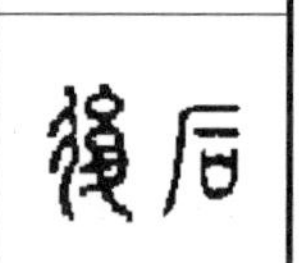	後面 hòumian	後退 hòutuì
隸書		後年 hòunián	皇后 huánghòu

她	她	
		【字音】 tā (타)
		【字義】 그녀, 그 여자, 귀중하게 여기는 사물에 대한 칭호
		【解說】 대명사(인칭)

甲骨		她們 tāmen	
金文		她的 tā de	
		她本人 tā běnrén	
篆書		她身邊 tā shēnbiān	
隸書		她是誰? Tā shi shuí?	

頭	头

【字音】 tóu ; tou (두)

【字義】 머리(카락), 시초 ; 제일의, 처음 ; 첫(째)

【解說】 명사 ; 형용사 ; 수사 ; 양사 ; 접미사

甲骨	
金文	
篆書	
隸書	

頭髮 tóufa	頭疼 tóuténg
頭腦 tóunǎo	頭痛 tóutòng
頭等 tóuděng	頭重腦輕 tóu zhòng nǎo qīng
頭角 tóujiǎo	一頭猪 yì tóu zhū
頭子 tóuzi	裏頭 lǐtou

經	经

【字音】 jīng ; jìng (경)

【字義】 지나다, 경험하다 ; 날실을 베틀에 걸다, 조리

【解說】 동사 ; 동사, 명사

甲骨	
金文	
篆書	
隸書	

經常 jīngcháng	經歷 jīnglì
經過 jīngguò	經費 jīngfèi
經濟 jīngjì	經營 jīngyíng
經驗 jīngyàn	經典 jīngdiǎn
經理 jīnglǐ	經書 jīngshū

產 产

【字音】 chǎn (산)

【字義】 낳다, 만들어내다 ; 생산품, 재산, ~출신

【解說】 동사 ; 명사

甲骨	
金文	
篆書	
隸書	

産量 chǎnliàng	産地 chǎndì
産品 chǎnpǐn	産業 chǎnyè
産生 chǎnshēng	産額 chǎn'é
産物 chǎnwù	産權 chǎnquán
産院 chǎnyuàn	不動産 búdòngchǎn

道 道

【字音】 dào (도)

【字義】 길, 이치, 방법, 기술 ; 말하다

【解說】 명사 ; 동사 ; 양사(줄기, 문제, 문, 벽, 요리)

甲骨	
金文	
篆書	
隸書	

道理 dàoli	道口 dàokǒu
道德 dàodé	道歉 dàoqiàn
道路 dàolù	道謝 dàoxìe
道家 dàojiā	道聽塗說 dào tīng tú shuō
道教 dàojiào	一道菜 yí dào cài

十	十	【字音】 shí (십) 【字義】 열, 십 ; 절정에 달하다, 완전무결하다 【解說】 명사 ; 형용사

甲骨		十分 shífēn	十年九不遇 shí nián jiǔ bú yù
金文		十足 shízú	十年樹木, 百年樹人。
篆書		十進制 shíjìnzhì	shí nián shù mù, bǎi nián shù rén。
隸書		十全十美 shí quán shí méi	十目所視, 十手所指。
		十指連心 shí zhǐ lián xīn	shí mù suǒ shì, shí shǒu suǒ zhǐ。

甚	什	【字音】 shén ; shèn (심) ; shí (십) 【字義】 무엇 ; 매우, 크다, 심하다 ; 열, 십, 다양한(什) 【解說】 대명사 ; 부사, 형용사 ; 수사

甲骨		甚麽 shénme	甚而(至於) shènér(zhìyú)
金文		甚麽的 shénmede	甚或 shènhuò
篆書		~甚麽似的 shénmeshìde	什錦 shíjǐn
隸書		甚麽樣 shénmeyàng	什物 shíwù
		甚至 shènzhì	什件兒 shíjiànr/shíjiǎnr

進 进

【字音】 jìn (진)

【字義】 나아가다, (안으로) 들다, 바치다, 제출하다

【解說】 동사 ; 동사 뒤에 쓰여 동작이 안으로 행해짐

甲骨		進來 jìnlai	進化 jìnhuà
金文		進去 jìnqu	進口 jìnkǒu
篆書		進行 jìnxíng	進入 jìnrù
隸書		進步 jìnbù	進修 jìnxiū
		進攻 jìngōng	進一步 jìn yí bù

心 心

【字音】 xīn (심)

【字義】 마음, 심정, 의지, 속, 중심, 심장, 계략

【解說】 명사

甲骨		心得 xīndé	心事 xīnshi
金文		心情 xīnqíng	心思 xīnsi
篆書		心臟 xīnzàng	心意 xīnyì
隸書		心愛 xīn'ài	心裏 xīnli
		心理 xīnlǐ	心靈 xīnlíng

現	现	【字音】 xiàn (현) 【字義】 현재, 지금 ; 나타나다 ; 실제로 있는 ; 임시로 【解說】 명사 ; 동사 ; 형용사 ; 부사

甲骨		現代 xiàndài	現場 xiànchǎng
金文		現在 xiànzài	現錢 xiànqián
篆書		現實 xiànshí	現行 xiànxíng
隸書		現象 xiànxiàng	現狀 xiànzhuàng
		現成 xiànchéng	現任 xiànrèn

然	然	【字音】 rán (연) 【字義】 그러나 ; 옳다, 맞다 ; 이와 같다, 이러하다 【解說】 접속사 ; 형용사 ; 대명사 ; 접미사 ; '燃'의 본자

甲骨		然後 ránhòu	然而不然 rán'ér bùrán
金文		然而 rán'ér	然然可可 ránrán kěkě
篆書		然否 ránfǒu	然疑 rányí
隸書		然諾 ránnuò	自然 zìran
		然則 ránzé	不以爲然 bù yǐ wéi rán

隻	只	【字音】 zhī (隻/척) ; zhǐ (只/지) 【字義】 쪽, 짝, 척 ; 다만, 단지, 오직(只) ; 오직 ~이다 【解說】 양사 ; 부사 ; 동사
甲骨		隻身 zhīshēn / 只好 zhǐhǎo
金文		隻身一人 zhī shēn yì rén / 只是 zhǐshì
篆書		隻言片語 zhī yán piàn yǔ / 只要 zhǐyào 隻字不提 zhī zì bù tí / 只有 zhǐyǒu
隸書		一隻手 yì zhī shǒu / 只得 zhǐdé

種	种	【字音】 zhǒng ; zhòng (종) 【字義】 종자, 씨, 종류 ; 부류, 가지 ; 심다, 파종하다 【解說】 명사 ; 양사 ; 동사(zhòng)
甲骨		種子 zhǒngzi / 種植 zhòngzhí
金文		種類 zhǒnglèi / 種地 zhòngdì
篆書		種種 zhǒngzhǒng / 種田 zhòngtián 種族 zhǒngzú / 種樹 zhòngshù
隸書		種別 zhǒngbié / 種瓜得瓜 zhòng guā dé guā

老	老	【字音】 lǎo (노/로)
		【字義】 늙다, 낡은, 노련하다, 본래의 ; 늘, 매우 ; 늙은이
		【解說】 형용사 ; 부사 ; 명사 ; 접두사

甲骨		老師 lǎoshī	老虎 lǎohǔ
金文		老百姓 lǎobǎixìng	老人 lǎorén
篆書		老板 lǎobǎn	老實 lǎoshi
隸書		老大娘 lǎodàniang	老是 lǎoshì
		老大爺 lǎodàye	老當益壯 lǎo dāng yì zhuàng

事	事	【字音】 shì (사)
		【字義】 일, 업무, 사고, 사건 ; 종사하다, 섬기다
		【解說】 명사 ; 동사

甲骨		事情 shìqing	事業 shìyè
金文		事件 shìjiàn	事故 shìgù
篆書		事實 shìshí	事迹 shìjì
隸書		事物 shìwù	事務 shìwù
		事先 shìxiān	事例 shìlì

從	从	【字音】 cóng (종) 【字義】 따르다, 종사하다 ; ~부터 ; 종속적인 ; 여태껏 【解說】 동사 ; 전치사 ; 형용사 ; 부사

甲骨	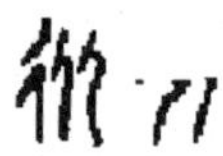	從~到~ cóng~dào~	從而 cóng'ér
金文	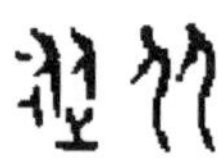	從~起~ cóng~qǐ~	從來 cónglái
篆書		從前 cóngqián	從事 cóngshì
		從不 cóngbù	從容 cóngróng
隸書		從此 cóngcǐ	從頭 cóngtóu

分	分	【字音】 fēn ; fèn (분) 【字義】 나누다, 구분하다 ; 분(시간) ; 성분, 본분(fèn) 【解說】 동사 ; 명사

甲骨		分別 fēnbié	分離 fēnlí
金文		分配 fēnpèi	分裂 fēnliè
		分析 fēnxī	分明 fēnmíng
篆書		分布 fēnbù	分量 fènliang
隸書		分解 fēnjiě	分外 fènwài

前	前	【字音】 qián (전)
		【字義】 앞, 이전, 미래 ; 앞으로 나아가다 ; 이전의
		【解說】 명사(방위) ; 동사 ; 형용사

書體	字形	단어	단어
甲骨		前邊 qiánbiān	前途 qiántú
金文		前進 qiánjìn	前方 qiánfāng
篆書		前面 qiánmian	前後 qiánhòu
隸書		前年 qiánnián	前頭 qiántou
		前天 qiántiān	前所未有 qián suǒ wèi yǒu

些	些	【字音】 xiē (사)
		【字義】 조금, 약간, 얼마쯤
		【解說】 양사(확정적이지 않은 적은 수량을 나타냄)

書體	字形	단어	단어
甲骨		些微 xiēwēi	好些 hǎoxiē
金文		些小 xiēxiǎo	慢些 mànxiē
篆書		些個 xiēge	前些 qiánxiē
隸書		些須 xiēxū	這麽些 zhèmexiē
		些許 xiēxǔ	那麽些 nàmexiē

點	点	【字音】 diǎn (점) 【字義】 약간, 조금 ; 점검하다, 주문하다 ; 점, 방울, 간식 【解說】 양사 ; 동사 ; 명사

甲骨		點鐘 diǎnzhōng	點子 diǎnzi
金文		點火 diǎnhuǒ	點頭 diǎntóu
篆書		點名 diǎnmíng	點字 diǎnzì
隸書		點染 diǎnrǎn	點菜 diǎncài
		點綴 diǎnzhui	點心 diǎnxin

開	开	【字音】 kāi (개) 【字義】 열(치)다, 켜다, 운전하다, 벌어지다, 시작하다 【解說】 동사 ; 양사(인쇄에서 종이 크기를 나타냄)

甲骨		開始 kāishǐ	開明 kāimíng
金文		開學 kāixué	開闢 kāipì
篆書		開方 kāifāng	開演 kāiyǎn
隸書		開會 kāihuì	開展 kāizhǎn
		開課 kāikè	開放 kāifàng

而	而	【字音】 ér (이) 【字義】 그리고, 그러나, ~까지, 만일 【解說】 접속사(순접, 역접) ; 본뜻은 '구레나룻'
甲骨		而且 érqiě / 而立 érlì
金文		而後 érhòu / 順流而下 shùnliú ér xià
篆書		而已 éryǐ / 由東而西 yóu dōng ér xī
隸書		而今 érjīn / 聰明而勇敢的人
		而況 érkuàng / cōngmíng ér yǒnggǎn de rén

很	很	【字音】 hěn (흔) 【字義】 매우, 대단히, 아주, 잘, 퍽 【解說】 부사(정도)
甲骨		很多 hěn duō / 很快 hěn kuài
金文		很好 hěn hǎo / 很少 hěn shǎo
篆書		很簡單 hěn jiǎndān / 很遠 hěn yuǎn
隸書		很近 hěn jìn / 很受感動 hěn shòu gǎndòng
		很久 hěn jiǔ / 好得很 hǎo de hěn

方	方	【字音】 fāng (방) 【字義】 네모, 육면체, 지방, 곳, 방법 ; 바르다 ; 이제 막 【解說】 명사 ; 형용사 ; 부사

甲骨		方便 fāngbiàn	方式 fāngshì
金文		方法 fāngfǎ	方針 fāngzhēn
篆書		方面 fāngmiàn	方程 fāngchéng
隸書		方向 fāngxiàng	方塊字 fāngkuàizì
		方案 fāng'àn	來日方長 lái rì fāng cháng

於	于	【字音】 yú (於/어), (于/우) 【字義】 ~에(서), ~에게, ~에 대해, ~보다, ~로부터 【解說】 전치사 ; 접미사

甲骨		於是 yúshì	生於北京 shēng yú Běijīng
金文	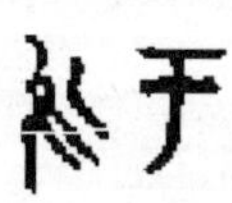	於今 yújīn	求助於同事 qiúzhù yú tóngshì
篆書	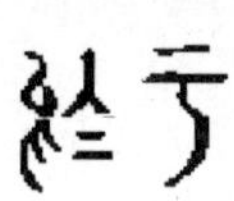	於時 yúshí	青出於藍 qīng chū yú lán
隸書		於己無損 yú jǐ wú sǔn	黃河發源於青海
		於事無補 yú shì wú fǔ	Huánghé fāyuán yú Qīnghǎi

行	行	【字音】 xíng (행) ; háng (항)
		【字義】 가다, 좋다, 행하다 ; 유능하다, 줄, 행, 업종
		【解說】 동사(xíng) ; 형용사, 명사(háng)

甲骨		行動 xíngdòng	行政 xíngzhèng
金文		行李 xíngli	行程 xíngchéng
篆書		行人 xíngrén	行使 xíngshǐ
隸書		行駛 xíngshǐ	行列 hángliè (항렬/행렬)
		行為 xíngwéi	行業 hángyè

長	长	【字音】 cháng ; zhǎng (장)
		【字義】 길다, 오래다, 뛰어나다 ; 자라다, 나이 많다, 어른
		【解說】 형용사, 동사(cháng) ; 동사, 형용사, 명사(zhǎng)

甲骨		長期 chángqī	長征 chángzhēng
金文		長途 chángtú	長處 chángchu
篆書		長度 chángdù	長短 chángduǎn
隸書		長久 chángjiǔ	長輩 zhǎngbèi
		長遠 chángyuǎn	長大 zhǎngdà

見	见	【字音】 jiàn（견）；xiàn（현） 【字義】 보(이)다, 만나다, 생각, 의견 ; 드러나 보이다 【解說】 동사, 명사 ; 동사(xiàn)

甲骨		見面 jiànmiàn	見利思義 jiàn lì sī yì
金文		見解 jiànjiě	見仁見智 jiàn rén jiàn zhì
篆書		見識 jiànshi	見危授命 jiàn wēi shòu mìng
		見效 jiànxiào	見義勇爲 jiàn yì yǒng wéi
隸書		見聞 jiànwén	圖窮匕見 tú qióng bǐ xiàn

水	水	【字音】 shuǐ（수） 【字義】 물, 강(江), 수해, 용액, 부수입 【解說】 명사

甲骨		水果 shuǐguǒ	水庫 shuǐkù
金文		水平 shuǐpíng	水力 shuǐlì
篆書		水稻 shuǐdào	水利 shuǐlì
		水泥 shuǐní	水源 shuǐyuán
隸書		水粉 shuǐfěn	水滴石穿 shuǐ dī shí chuān

兩	两	【字音】 liǎng (양/량)
		【字義】 둘, 두어, 몇몇 ; 쌍방, 양측 ; 냥
		【解說】 수사 ; 명사 ; 양사(무게 단위)

書體	字形	用例	用例
甲骨		兩旁 liǎngpáng	兩面 liǎngmiàn
金文		兩極 liǎngjí	兩性 liǎngxìng
篆書		兩手 liǎngshǒu	兩敗俱傷 liǎng bài jù shāng
隷書		兩岸 liǎng'àn	兩全其美 liǎng quán qí měi
		兩立 liǎng	兩袖淸風 liǎng xiù qīng fēng

走	走	【字音】 zǒu (주)
		【字義】 걷다, 가다, 떠나다, 움직이다, 사람이 죽다
		【解說】 동사

書體	字形	用例	用例
甲骨		走道 zǒudào	走私 zǒusī
金文		走廊 zǒuláng	走向 zǒuxiàng
篆書		走訪 zǒufǎng	走路 zǒulù
隷書		走狗 zǒugǒu	走馬看花 zǒu mǎ kàn huā
		走漏 zǒulòu	走投無路 zǒu tóu wú lù

高 高

【字音】 gāo (고)

【字義】 (높이, 등급, 수준이) 높다 ; 높이, 높은 곳

【解說】 형용사 ; 명사

甲骨	
金文	
篆書	
隸書	

高興 gāoxìng	高級 gāojí
高大 gāodà	高尚 gāoshàng
高度 gāodù	高速 gāosù
高潮 gāocháo	高(血)壓 gāo(xuè)yā
高峰 gāofēng	高中 gāozhōng

三 三

【字音】 sān (삼)

【字義】 셋, 삼, 다수, 여러 차례

【解說】 수사

甲骨	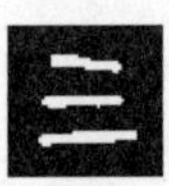
金文	
篆書	
隸書	

三角 sānjiǎo	三年五載 sān nián wǔ zǎi
三番五次 sān fān wǔ cì	三三兩兩 sān sān liǎng liǎng
三綱五常 sān gāng wǔ cháng	三思而行 sān sī ér xíng
三教九流 sān jiào jiǔ liú	三言兩語 sān yán liǎng yǔ
三民主義 sān mín zhǔ yì	三位一體 sān wèi yì tǐ

象 象

【字音】 xiàng (상)

【字義】 코끼리, 형상, 모양 ; 모방하다, 흉내 내다

【解說】 명사 ; 동사

甲骨		象徵 xiàngzhēng	象聲詞 xiàngshēngcí
金文		象棋 xiàngqí	象鼻 xiàngbí
篆書		象形 xiàngxíng	象齒焚身 xiàng chǐ fén shēn
隷書		象牙 xiàngyá	象箸玉杯 xiàng zhù yù bēi
		象牙之塔 xiàngyá zhī tǎ	萬象更新 wàn xiàng gēng xīn

回 回

【字音】 huí (회)

【字義】 (되)돌아가다, 회답하다, 되돌리다(迴) ; 회, 가지

【解說】 동사 ; 양사

甲骨		回答 huídá	回憶 huíyì
金文		回來 huílai	回想 huíxiǎng
篆書		回去 huíqu	回避 huíbì
隷書		回頭 huítóu	回顧 huígù
		回信 huíxìn	回收 huíshōu

實	实	【字音】 shí (실) 【字義】 진실하다, 충만하다 ; 확실히 ; 실제, 열매 【解說】 형용사 ; 부사 ; 명사

書體	字形	詞彙	詞彙
甲骨		實踐 shíjiàn	實用 shíyòng
金文		實現 shíxiàn	實在 shízài
篆書		實際 shíjì	實話 shíhuà
隷書		實行 shíxíng	實況 shíkuàng
		實驗 shíyàn	實施 shíshī

當	当	【字音】 dāng ; dàng (당) 【字義】 ~이 되다, ~해야 한다 ; 적당하다, 간주하다 【解說】 동사, 조동사 ; 형용사, 동사

書體	字形	詞彙	詞彙
甲骨		當然 dāngrán	當代 dāngdài
金文		當年 dāngnián	當家 dāngjiā
篆書		當前 dāngqián	當面 dāngmiàn
隷書		當時 dāngshí	當中 dāngzhōng
		當初 dāngchū	當做 dàngzuò

氣	气	【字音】 qì (기)
		【字義】 기체, 기후, 기운, 분위기 ; 화내다, 화나게 하다
		【解說】 명사 ; 동사

甲骨		氣候 qìhòu	氣概 qìgài
金文	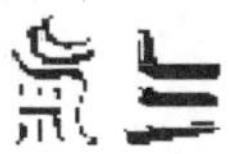	氣溫 qìwēn	氣體 qìtǐ
篆書		氣象 qìxiàng	氣味 qìwèi
隸書		氣氛 qìfēn	氣壓 qìyā
		氣憤 qìfèn	氣衝牛斗 qì chōng niú dǒu

問	问	【字音】 wèn (문)
		【字義】 묻다, 안부를 묻다, 심문하다, 관여하다
		【解說】 동사

甲骨		問好 wènhǎo	問安 wènān
金文		問題 wèntí	問訊 wènxùn
篆書		問候 wènhòu	問罪 wènzuì
隸書		問答 wèndá	問心無愧 wèn xīn wú kuì
		問世 wènshì	不恥下問 bù chǐ xià wèn

它	它	【字音】 tā (타) 【字義】 (사람 이외의) 그(것), 저(것) ; 동물(牠) 【解說】 대명사 ; '虫' '也'와 같은 뿌리, '蛇'의 본자

甲骨		它們 tāmen 它本身 tā běnshēn 其它[他] qítā 不管它 bùguǎn tā	
金文			
篆書			
隸書			

給	给	【字音】 gěi ; jǐ (급) 【字義】 주다, 시키다, ~에게, ~를 향하여 ; 공급하다 【解說】 동사, 전치사 ; 동사

甲骨		叔叔給我一本書 給老師行禮 給以 gěiyǐ 給與 gěiyǔ 給錢就賣 gěi qián jiù mài	給予 jǐyǔ 給付 jǐfù 供給 gōngjǐ 家給人足 jiā jǐ rén zú 自給自足 zì jǐ zì zú
金文			
篆書			
隸書			

手	手	【字音】 shǒu （수）
		【字義】 손, 수단 ; 쥐다, 잡다 ; 친필의 ; 손수, 몸소
		【解說】 명사 ; 동사 ; 형용사 ; 부사

甲骨		手錶 shǒubiǎo	手續 shǒuxù
金文		手段 shǒuduàn	手指 shǒuzhǐ
篆書		手工 shǒugōng	手勢 shǒushì
		手術 shǒushù	手法 shǒufǎ
隸書		手套 shǒutào	手不釋卷 shǒu bú shì juàn

全	全	【字音】 quán （전）
		【字義】 온, 완비하다 ; 모두, 완전히 ; 완전무결하게 하다
		【解說】 형용사 ; 부사 ; 동사

甲骨		全部 quánbù	全集 quánjí
金文		全體 quántǐ	全力 quánlì
篆書		全面 quánmiàn	全民 quánmín
		全局 quánjú	全心全意 quán xīn quán yì
隸書		全都 quándōu	兩全其美 liǎng quán qí měi

部	部	【字音】 bù (부)
		【字義】 부분, 부서, 분류, 부대 ; 부, 편, 대
		【解說】 명사 ; 양사(서적·영화·기계·차량을 세는 단위)

서체	자형	어휘	어휘
甲骨		部分 bùfen	部件 bùjiàn
金文		部隊 bùduì	部位 bùwèi
篆書		部門 bùmén	部類 bùlèi
隸書		部長 bùzhǎng	部屬 bùshǔ
		部署 bùshǔ	部下 bùxià

二	二	【字音】 èr (이)
		【字義】 둘, 이 ; 두 번째, 다른, 두 가지의
		【解說】 수사 ; 형용사

서체	자형	어휘	어휘
甲骨	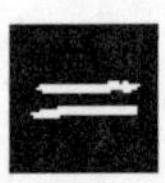	二重 èrchóng	二手 èrshǒu
金文		二房 èrfáng	二線 èrxiàn
篆書		二話不說 èr huà bù shuō	二心 èrxīn
隸書		二老 èrlǎo	二月 èryuè
		二十八宿 èrshíbā xiù	二者 èrzhě

力	力	【字音】 lì (역/력) 【字義】 힘, 기능, 작용 ; 힘쓰다, 노력하다 ; 힘껏, 애써 【解說】 명사 ; 동사 ; 부사

甲骨		力量 lìliang	力不從心 lì bù cóng xīn
金文		力氣 lìqi	力持 lìchí
篆書		力求 lìqiú	力所能及 lì suǒ néng jí
隷書		力爭 lìzhēng	力行 lìxíng
		力圖 lìtú	力戰 lìzhàn

正	正	【字音】 zhèng ; zhēng (정) 【字義】 바르다, 정당하다, 순수하다 ; 마침, 꼭 ; 정월 【解說】 형용사 ; 부사 ; 명사(zhēng)

甲骨		正確 zhèngquè	正當 zhèngdāng
金文		正在 zhèngzài	正經 zhèngjīng
篆書		正常 zhèngcháng	正面 zhèngmiàn
隷書		正好 zhènghǎo	正規 zhèngguī
		正式 zhèngshì	正月 zhēngyuè

定 定

【字音】dìng (정)

【字義】안정적이다, 고정적이다 ; (결)정하다, 주문하다

【解說】형용사 ; 동사

甲骨		定期 dìngqī	定量 dìngliàng
金文		定額 dìng'é	定向 dìngxiàng
篆書		定價 dìngjià	定性 dìngxìng
隸書		定居 dìngjū	定義 dìngyì
		定理 dìnglǐ	決定 juédìng

意 意

【字音】yì (의)

【字義】뜻, 의미, 생각, 의견 ; 짐작하다, 예상하다

【解說】명사 ; 동사

甲骨		意見 yìjian	意識 yìshí
金文		意思 yìsi	意味 yìwèi
篆書		意義 yìyì	意料 yìliào
隸書		意外 yìwài	意圖 yìtú
		意志 yìzhì	意向 yìxiàng

命	命	【字音】 mìng (명) 【字義】 명(령)하다, ~라고 여기다 ; 생명, 운명, 명령 【解說】 동사 ; 명사
甲骨		命令 mìnglìng / 命中 mìngzhòng
金文		命運 mìngyùn / 命案 mìng'àn
篆書		命名 mìngmíng / 命大 mìngdà 命題 mìngtí / 命定 mìngdìng
隸書		命脈 mìngmài / 命意 mìngyì

幾	几	【字音】 jǐ (기) ; jī (기/궤) 【字義】 몇 ; 거의, 하마터면(jī) ; 작은 탁자(几/궤) 【解說】 수사 ; 부사 ; 명사 ; '幾'는 '機'의 본자
甲骨		幾何 jǐhé / 幾多 jǐduō
金文		幾曾 jǐcéng / 幾經 jǐjīng
篆書		幾時 jǐshí / 幾乎 jīhū 幾許 jǐxǔ / 幾率 jīlǜ
隸書		幾次三番 jǐ cì sān fān / 几案 jī'àn

機	机	【字音】 jī (기)
		【字義】 기계, 기능, 계기, 기회, 기밀 ; 기민하다
		【解說】 명사 ; 형용사

甲骨	
金文	
篆書	
隷書	

機場 jīchǎng	機動 jīdòng
機會 jīhuì	機構 jīgòu
機器 jīqi	機靈 jīling
機關 jīguān	機密 jīmì
機械 jīxiè	機智 jīzhì

黨	党	【字音】 dǎng (당)
		【字義】 (정)당, 파벌, 중국공산당 ; 편 들다, 치우치다
		【解說】 명사 ; 동사

甲骨	
金文	
篆書	
隷書	

黨員 dǎngyuán	黨風 dǎngfēng
黨派 dǎngpài	黨紀 dǎngjì
黨委 dǎngwěi	黨同伐異 dǎng tóng fá yì
黨性 dǎngxìng	黨務 dǎngwù
黨章 dǎngzhāng	黨校 dǎngxiào

所 所

【字音】suǒ (소)

【字義】장소, 곳 ; 채, 동 ; ~하는 바, ~되다

【解說】명사 ; 양사 ; 조사

甲骨	
金文	
篆書	
隸書	

所以 suǒyǐ	所屬 suǒshǔ
所有 suǒyǒu	所有權 suǒyǒuquán
所謂 suǒwèi	所有制 suǒyǒuzhì
所在 suǒzài	所向無敵 suǒ xiàng wú dí
所得稅 suǒdésuì	所以然 suǒyǐrán

向 向

【字音】xiàng (향)

【字義】방향, 의지의 경향 ; 향하다 ; ~에게, ~를 향해

【解說】명사 ; 동사 ; 전치사

甲骨	
金文	
篆書	
隸書	

向導 xiàngdǎo	向日葵 xiàngrìkuí
向來 xiànglái	向上 xiàngshàng
向往 xiàngwǎng	向心力 xiàngxīnlì
向背 xiàngbèi	向學 xiàngxué
向壁虛構 xiàng bì xū gòu	向隅而泣 xiàng yú ér qì

戰	战	【字音】zhàn (전) 【字義】전쟁, 전투, 싸움 ; 싸우다, 전쟁하다, 겨루다 【解說】명사 ; 동사
甲骨		戰鬪 zhàndòu　　戰略 zhànlüè
金文		戰勝 zhànshèng　　戰術 zhànshù
篆書		戰士 zhànshì　　戰線 zhànxiàn 戰爭 zhànzhēng　　戰友 zhànyǒu
隸書		戰場 zhànchǎng　　戰戰兢兢 zhàn zhàn jīng jīng

己	己	【字音】jǐ (기) 【字義】자기, 자신 ; 기(天干의 여섯 번째) 【解說】대명사 ; 명사
甲骨		己方 jǐfāng　　獨出己見 dú chū jǐ jiàn
金文		己見 jǐjiàn　　反求諸己 fǎn qiú zhū jǐ
篆書		己任 jǐrèn　　推己及人 tuī jǐ jí rén 己身 jǐshēn　　己所不欲, 勿施於人。
隸書		己意 jǐyì　　jǐ suǒ bú yù, wù shī yú rén。

知	知	【字音】zhī (지) 【字義】알다, 이해하다, 주관하다 ; 지식, 지기 【解說】동사 ; 명사

甲骨		知道 zhīdao	知彼知己 zhī bǐ zhī jǐ
金文		知識 zhīshi	知情達理 zhī qíng dá lǐ
篆書		知覺 zhījué	知人之明 zhī rén zhī míng
隸書		知己 zhījǐ	知心 zhīxīn
		知名 zhīmíng	知友 zhīyǒu

物	物	【字音】wù (물) 【字義】물건, 물체, 실제 내용, 다른 사람, 외부 환경 【解說】명사

甲骨		物理 wùlǐ	物資 wùzī
金文		物價 wùjià	物力 wùlì
篆書		物質 wùzhì	物産 wùchǎn
隸書		物品 wùpǐn	物美價廉 wù měi jià lián
		物體 wùtǐ	博物館 bówùguǎn

理	理	【字音】 lǐ (이/리) 【字義】 정리하다, 다스리다, 상대하다 ; 결, 이치, 도리 【解說】 동사 ; 명사

甲骨		理髮 lǐfà	理會 lǐhuì
金文		理解 lǐjiě	理事 lǐshì
篆書		理論 lǐlùn	理所當然 lǐ suǒ dāng rán
隸書		理想 lǐxiǎng	理性 lǐxìng
		理由 lǐyóu	理直氣壯 lǐ zhí qì zhuàng

聲	声	【字音】 shēng (성) 【字義】 (목)소리, 명성 ; (목)소리를 내다, 선포하다 【解說】 명사 ; 동사

甲骨		聲調 shēngdiào	聲東擊西 shēng dōng jī xī
金文		聲音 shēngyīn	聲淚俱下 shēng lèi jù xià
篆書		聲明 shēngmíng	聲母 shēngmǔ
隸書		聲勢 shēngshì	聲討 shēngtǎo
		聲譽 shēngyù	聲援 shēngyuán

等 等

【字音】 děng (등)

【字義】 등급, 종류 ; 기다리다 ; 같다, 대등하다

【解說】 명사 ; 동사 ; 형용사

甲骨		等待 děngdài	等次 děngcì
金文		等於 děngyú	等而下之 děng ér xià zhī
篆書		等到 děngdào	等價 děngjià
		等候 děnghòu	等閑 děngxián
隷書		等級 děngjí	高低不等 gāo dī bù děng

打 打

【字音】 dǎ ; dá (타)

【字義】 치다, 때리다, 깨어지다, (전화를) 걸다 ; 다스

【解說】 동사 ; 양사(양말 12켤레=1다스/dozen)

甲骨		打算 dǎsuan	打針 dǎzhēn
金文		打扮 dǎban	打敗 dǎbài
		打倒 dǎdǎo	打擊 dǎjī
篆書		打擾 dǎrǎo	打破 dǎpò
隷書		打聽 dǎting	打掃 dǎsǎo

話	话	【字音】 huà (화) 【字義】 말, 언어, 방언, 이야기 ; 이야기하다 【解說】 명사 ; 동사

甲骨		話劇 huàjù	話說 huàshuō
金文		話題 huàtí	話筒 huàtǒng
篆書		話本 huàběn	話語 huàyǔ
隸書		話別 huàbié	話裏有話 huà li yǒu huà
		話頭 huàtóu	對話 duìhuà

本	本	【字音】 běn (본) 【字義】 (공)책, 근본, 각본, 판본 ; 본래 ; 원래의 【解說】 명사 ; 부사 ; 형용사 ; 양사(책, 공책 세는 단위)

甲骨		本子 běnzi	本人 běnrén
金文		本來 běnlái	本身 běnshēn
篆書		本領 běnlǐng	本能 běnnéng
隸書		本事 běnshi	本錢 běnqian
		本質 běnzhì	本性 běnxìng

社	社	【字音】 shè (사) 【字義】 단체, 조직, 집단, 기구, 지신(地神) 【解說】 명사

書體	字形	단어	단어
甲骨		社會 shèhuì	社團 shètuán
金文		社論 shèlùn	社員 shèyuán
篆書		社說 shèshuō	社長 shèzhǎng
		社交 shèjiāo	社稷 shèjì
隸書		社會科學 shèhuì kēxué	報社 bàoshè

邊	边	【字音】 biān (변) 【字義】 가장자리, 주위, 변경, 끝, 방면 ; ~하면서 ~하다 【解說】 명사 ; 부사 ; 접미사(쪽, 측 등 방위 표시)

書體	字形	단어	단어
甲骨		邊疆 biānjiāng	邊地 biāndì
金文		邊界 biānjiè	邊區 biānqū
篆書		邊緣 biānyuán	邊塞 biānsài
		邊防 biānfáng	邊沿 biānyán
隸書		邊境 biānjìng	左邊 zuǒbiān

外 外

【字音】 wài (외)

【字義】 겉, 바깥 ; 외국의, 바깥의 ; 따로, 또한, 게다가

【解說】 명사 ; 형용사 ; 부사

書體	字形	단어	단어
甲骨		外邊 wàibian	外面 wàimian
金文		外國 wàiguó	外部 wàibù
篆書		外語 wàiyǔ	外界 wàijiè
隸書		外地 wàidì	外科 wàikē
		外交 wàijiāo	外頭 wàitou

法 法

【字音】 fǎ (법) ; Fǎ

【字義】 법(률), 방법 ; 모방하다, 본보기삼다 ; 프랑스

【解說】 명사 ; 동사 ; 명사(法國)

書體	字形	단어	단어
甲骨		法語 fǎyǔ/Fǎyǔ	法定 fǎdìng
金文		法律 fǎlǜ	法官 fǎguān
篆書		法令 fǎlìng	法規 fǎguī
隸書		法制 fǎzhì	法人 fǎrén
		法子 fǎzi	法庭 fǎtíng

化 化

【字音】 huà (화)

【字義】 변(화)하다, 녹다, 소화하다 ; 화학 ; ~화(하다)

【解說】 동사 ; 명사 ; 접미사

甲骨	
金文	
篆書	
隸書	

化學 huàxué	化肥 huàféi
化工 huàgōng	化纖 huàxiān
化合 huàhé	化粧 huàzhuāng
化石 huàshí	化解 huàjiě
化驗 huàyàn	信息化 xìnxīhuà

之 之

【字音】 zhī (지)

【字義】 가다 ; 이(것), 그(것) ; ~의 , ~한, ~은

【解說】 동사 ; 대명사 ; 조사(文言에서 많이 사용)

甲骨	
金文	
篆書	
隸書	

之間 zhījiān	之一 zhīyī
之後 zhīhòu	之中 zhīzhōng
之前 zhīqián	之類 zhīlèi
之上 zhīshàng	之內 zhīnèi
之下 zhīxià	之外 zhīwài

如 如

【字音】rú (여)

【字義】~와 같다, 따르다, 예를 들면 ; ~에 따라 ; 만일

【解說】동사 ; 전치사 ; 접속사

甲骨	
金文	
篆書	
隸書	

如果 rúguǒ	如下 rúxià
如何 rúhé	如意 rúyì
如今 rújīn	如醉如癡 rú zuì rú chī
如此 rúcǐ	如出一轍 rú chū yì zhé
如同 rútóng	如花似錦 rú huā sì jǐn

情 情

【字音】qíng (정)

【字義】감정, 애정, 상황, 정리, 정욕, 정취

【解說】명사

甲骨	
金文	
篆書	
隸書	

情況 qíngkuàng	情感 qínggǎn
情景 qíngjǐng	情節 qíngjié
情形 qíngxing	情理 qínglǐ
情緒 qíngxù	情不自禁 qíng bù zì jīn
情報 qíngbào	情投意合 qíng tóu yì hé

候	候	【字音】hòu（후）
		【字義】때, 기후, 상황 ; 기다리다, 문안하다
		【解說】명사 ; 동사 ; 본자는 '矦'

甲骨		候選 hòuxuǎn	候補 hòubǔ
金文		候選人 hòuxuǎnrén	候診 hòuzhěn
篆書		候車 hòuchē	候診室 hòuzhěnshì
隸書		候車室 hòuchēshì	等候 děnghòu
		候機室 hòujīshì	問候 wènhòu

眼	眼	【字音】yǎn（안）
		【字義】눈, 구멍, 안목, 관건, (바둑) 집
		【解說】명사 ; 양사(우물, 샘물, 동굴을 세는 단위)

甲骨		眼睛 yǎnjing	眼看 yǎnkàn
金文		眼鏡 yǎnjìng	眼力 yǎnlì
篆書		眼淚 yǎnlèi	眼色 yǎnsè
隸書		眼前 yǎnqián	眼神 yǎnshén
		眼光 yǎnguāng	心眼兒 xīnyǎnr

無	无	【字音】 wú (무) 【字義】 없다 ; ~이 아니다, ~하지 않다 ; ~을 막론하고 【解說】 동사 ; 부사 ; 접속사 ; '無'는 '舞'의 본자

甲骨	
金文	
篆書	
隸書	

無論 wúlùn	無情 wúqíng
無數 wúshù	無所謂 wúsuǒwèi
無限 wúxiàn	無疑 wúyí
無比 wúbǐ	無可奈何 wú kě nài hé
無法 wúfǎ	無論如何 wúlùn rúhhé

但	但	【字音】 dàn (단) 【字義】 그러나, 하지만, 그렇지만 ; 다만, 오로지 【解說】 접속사 ; 부사

甲骨	
金文	
篆書	
隸書	

但是 dànshì	但書 dànshū
但凡 dànfán	但須 dànxū
但願 dànyuàn	但只 dànzhǐ
但分 dànfēn	不但 búdàn
但使 dànshǐ	非但 fēidàn

呢	呢	【字音】ne ; ní (니)
		【字義】~하는 중, ~하니? ; 소곤소곤, 나사(羅紗)
		【解說】조사(동작/상황 지속, 의문어기) ; 의성어, 명사

書體	字形	用例	用例
甲骨		怎麼辦呢? zěnmebàn ne?	那個問題呢,
金文		去北京呢, 還是去上海呢?	不比這個問題(還)重要!
篆書		qù Běijīng ne, ~ Shànghǎi ne?	呢喃細語 ní'nán xìyǔ
隸書		還沒來呢。hái méi lái ne。	呢絨 níróng
		在聽歌呢。zài tīnggē ne。	呢子 nízi

使	使	【字音】shǐ (사)
		【字義】~하게 시키다, 파견하다, 사신으로 가다 ; 외교관
		【解說】동사 ; 명사 ; 甲骨文에서는 '吏'와 통용

書體	字形	用例	用例
甲骨		使用 shǐyòng	使不得 shǐbude
金文		使得 shǐde	使動 shǐdòng
篆書		使勁 shǐjìn	使然 shǐrán
隸書		使節 shǐjié	大使 dàshǐ
		使命 shǐmìng	特使 tèshǐ

重	重	【字音】 zhòng ; chóng (중)
		【字義】 무겁다, 중요하다 ; 중복하다, 쌓다, 다시, 거듭
		【解說】 형용사 ; 동사, 부사

甲骨		重要 zhòngyào	重疊 chóngdié
金文		重大 zhòngdà	重複 chóngfù
篆書		重點 zhòngdiǎn	重新 chóngxīn
		重量 zhòngliàng	重申 chóngshēn
隸書		重視 zhòngshì	重見天日 chóng jiàn tiān rì

叫	叫	【字音】 jiào (규)
		【字義】 외치다, 부르다, 요구하다, ~시키다 ; ~에 의해서
		【解說】 동사 ; 전치사

甲骨		叫做 jiàozuò	叫勁 jiàojìn
金文		叫喊 jiàohǎn	叫絶 jiàojué
		叫喚 jiàohuan	叫苦連天 jiào kǔ lián tiān
篆書		叫嚷 jiàorǎng	叫罵 jiàomà
隸書		叫好 jiàohǎo	叫門 jiàomén

<table>
<tr><td rowspan="3">身</td><td rowspan="3">身</td><td colspan="3">【字音】 shēn (신)</td></tr>
<tr><td colspan="3">【字義】 몸, 신체, 자기 자신, 일평생 ; 벌</td></tr>
<tr><td colspan="3">【解說】 명사 ; 양사(옷을 세는 단위)</td></tr>
<tr><td>甲骨</td><td></td><td rowspan="4" colspan="2">身體 shēntǐ
身邊 shēnbiān
身材 shēncái
身份[分] shēnfen
身子 shēnzi</td><td rowspan="4">身高 shēngāo
身上 shēnshang
身世 shēnshì
身心 shēnxīn
身體力行 shēn tǐ lì xíng</td></tr>
<tr><td>金文</td><td></td></tr>
<tr><td>篆書</td><td></td></tr>
<tr><td>隸書</td><td></td></tr>
</table>

<table>
<tr><td rowspan="3">間</td><td rowspan="3">间</td><td colspan="3">【字音】 jiān ; jiàn (간)</td></tr>
<tr><td colspan="3">【字義】 사이, 중간, 방 ; 틈, 간격, 간접적인, 이간시키다</td></tr>
<tr><td colspan="3">【解說】 명사, 양사 ; 명사, 형용사, 동사 ; '閒'과 同源</td></tr>
<tr><td>甲骨</td><td></td><td rowspan="4" colspan="2">間氷期 jiānbīngqī
間奏曲 jiānzòuqǔ
中間 zhōngjiān
瞬間 shùnjiān
一間客廳 yì jiān kètīng</td><td rowspan="4">間隔 jiàngé
間接 jiànjiē
間諜 jiàndié
間斷 jiànduàn
間或 jiànhuò</td></tr>
<tr><td>金文</td><td></td></tr>
<tr><td>篆書</td><td></td></tr>
<tr><td>隸書</td><td></td></tr>
</table>

業	业	【字音】yè (업) 【字義】업종, 학업, 업 ; 이미, 벌써 ; (직업에) 종사하다 【解說】명사 ; 부사 ; 동사

甲骨		業務 yèwù	業經 yèjīng
金文		業餘 yèyú	業海 yèhǎi (業報)
篆書		業餘教育 yèyú jiàoyù	畢業 bìyè
隸書		業績 yèjì	安居樂業 ān jū lè yè
		業已 yèyǐ	成家立業 chéng jiā lì yè

反	反	【字音】fǎn (반) 【字義】반대의 ; 반대하다, 뒤집다, 돌아가다 ; 도리어 【解說】형용사 ; 동사 ; 부사

甲骨		反對 fǎnduì	反應 fǎnyìng
金文		反動 fǎndòng	反映 fǎnyìng
篆書		反復 fǎnfù	反正 fǎnzhèng
隸書		反覆 fǎnfù	反問 fǎnwèn
		反抗 fǎnkàng	反而 fǎn'ér

眞	真	【字音】 zhēn（진）
		【字義】 확실히, 진실로 ; 참되다, 분명하다 ; 초상, 형상
		【解說】 부사 ; 형용사 ; 명사

書體	字形	단어	단어
甲骨		眞正 zhēnzhèng	眞心 zhēnxīn
金文		眞理 zhēnlǐ	眞情 zhēnqíng
篆書		眞實 zhēnshí	眞率 zhēnshuài
隷書		眞誠 zhēnchéng	眞摯 zhēnzhì
		眞相 zhēnxiàng	眞憑實據 zhēn píng shí jù

明	明	【字音】 míng（명）
		【字義】 밝다, 내일의, 명백하다 ; 확실히 ; 알다, 표명하다
		【解說】 형용사 ; 부사 ; 동사

書體	字形	단어	단어
甲骨		明年 míngnián	明白 míngbai
金文		明天 míngtiān	明明 míngmíng
篆書		明亮 míngliàng	明信片 míngxìnpiàn
隷書		明確 míngquè	明辨是非 míng biàn shì fēi
		明顯 míngxiǎn	明哲保身 míng zhé bǎo shēn

聽	听	【字音】 tīng (청) 【字義】 듣다, 따르다, 다스리다 ; 캔, 깡통(tin의 음역) 【解說】 동사 ; 명사 ; 양사

甲骨		聽見 tīngjian	聽取 tīngqǔ
金文		聽說 tīngshuō	聽衆 tīngzhòng
篆書	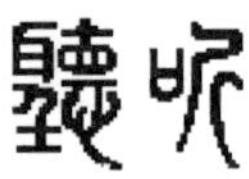	聽寫 tīngxiě	聽從 tīngcóng
		聽講 tīngjiǎng	聽覺 tīngjué
隸書		聽話 tīnghuà	聽力 tīnglì

才	才	【字音】 cái (재) 【字義】 재능, 재주 ; (이제) 비로소, 방금, 겨우(纔) 【解說】 명사 ; 부사

甲骨		才能 cáinéng	才學 cáixué
金文		才幹 cáigàn	才疏學淺 cái shū xué qiǎn
篆書		才智 cáizhì	才子佳人 cái zǐ jiā rén
		才華 cáihuá	大風到晚上才[纔]住了。
隸書		才貌 cáimào	你怎麼現在才[纔]來呢?

放	放	【字音】 fàng（방） 【字義】 놓아주다, 파하다, 방영하다, 쏘다, 두다, 확대하다 【解說】 동사 ; 본자는 '方'

甲骨	
金文	
篆書	
隸書	

放假 fàngjià	放鬆 fàngsōng
放大 fàngdà	放映 fàngyìng
放棄 fàngqì	放射 fàngshè
放心 fàngxīn	放課 fàngkè
放手 fàngshǒu	放學 fàngxué

革	革	【字音】 gé（혁） 【字義】 가죽 ; 고치다, 바꾸다, 제거하다, 제명하다 【解說】 명사 ; 동사

甲骨	
金文	
篆書	
隸書	

革命 gémìng	革故鼎新 gé gù dǐng xīn
革新 géxīn	革面洗心 gé miàn xǐ xīn
革除 géchú	革其舊染 gé qí jiù rǎn
革職 gézhí	革製品 gézhìpǐn
革出 géchū	皮革 pígé

路 路

【字音】lù (로)

【字義】길, 여정, 방법, 이치, 노선 ; 열, 행, 부류

【解說】명사 ; 양사

甲骨	
金文	
篆書	
隸書	

路上 lùshang	路面 lùmiàn
路線 lùxiàn	路子 lùzi
路過 lùguò	路費 lùfèi
路口 lùkǒu	路牌 lùpái
路程 lùchéng	路不拾遺 lù bù shí yí

四 四

【字音】sì (사)

【字義】넷, 사 ; 중국 음악 음계의 하나

【解說】수사 ; 명사

甲骨	
金文	
篆書	
隸書	

四處 sìchù	四肢 sìzhī
四面八方 sì miàn bā fāng	四海 sìhǎi
四周 sìzhōu	四分五裂 sì fēn wǔ liè
四方 sìfāng	四面楚歌 sì miàn Chǔ gē
四季 sìjì	四平八穩 sì píng bā wěn

别	别	【字音】bié（별） 【字義】이별하다 ; 유다르다 ; ~하지 마라 ; 차이 ; 달리 【解說】동사 ; 형용사 ; 부사 ; 명사 ; 대명사
甲骨		
金文		
篆書		
隸書		

别的 biéde	别看 biékàn
别人 biérén	别說 biéshuō
别處 biéchù	别致 biézhi
别字 biézì	别出心裁 bié chū xīncái
别管 biéguǎn	别開生面 bié kāi shēngmiàn

做	做	【字音】zuò（주） 【字義】하다, 만들다, ~를 맡다, ~로 삼다 ; 동작, 표정 【解說】동사 ; 명사(연극에서의 동작 연기)
甲骨		
金文		
篆書		
隸書		

做法 zuòfǎ	做人 zuòrén
做客 zuòkè	做事 zuòshì
做夢 zuòmèng	做主 zuòzhǔ
做工 zuògōng	做作 zuòzuo
做飯 zuòfàn	做賊心虛 zuò zéi xīn xū

志 志

【字音】 zhì (지)

【字義】 뜻, 의지, (문장) 기록, 표지 ; 기록하다, 기억하다

【解說】 명사 ; 동사

甲骨	
金文	
篆書	
隸書	

志向 zhìxiang	志節 zhìjié
志氣 zhìqi	志趣 zhìqù
志士 zhìshì	志大才疏 zhì dà cái shū
志願(者) zhìyuàn(zhě)	志同道合 zhì tóng dào hé
志哀 zhìāi	志在四方 zhì zài sì fāng

文 文

【字音】 wén (문)

【字義】 글, 문장, 문자, 언어, 문화 ; 고상하다 ; (돈) 푼

【解說】 명사 ; 형용사 ; 양사(돈을 세는 단위)

甲骨	
金文	
篆書	
隸書	

文化 wénhuà	文明 wénmíng
文學 wénxué	文物 wénwù
文藝 wényì	文字 wénzì
文章 wénzhāng	文盲 wénmáng
文件 wénjiàn	文言 wényán

已	已	【字音】 yǐ (이) 【字義】 이미, 벌써, 나중에, 몹시 ; 그치다, 끝나다 【解說】 부사 ; 동사
甲骨		
金文		
篆書		
隸書		

已經 yǐjing	已決犯 yǐjuéfàn
已然 yǐrán	不能自已 bù néng zì yǐ
已往 yǐwǎng	讚歎不已 zàntàn bù yǐ
已故 yǐgù	雨季已過 yǔjì yǐ guò
已知數 yǐzhīshù (旣知數)	問題已解決 wèntí yǐ jiějué

級	级	【字音】 jí (급) 【字義】 등급, 계급, 층계, 학년 ; 층, 계단, 급 【解說】 명사 ; 양사(층계, 계단, 탑 등의 층을 세는 단위)
甲骨		
金文		
篆書		
隸書		

級別 jíbié	級間分離 jíjiān fēnlí
級數 jíshù	級距 jíjù
級差 jíchā	級聯 jílián
級任 jírèn	年級 niánjí
級會 jíhuì	七級寶塔 qī jí bǎotǎ

怎	怎	【字音】 zěn (즘)
		【字義】 왜, 어째서, 어떻게, 어찌하여
		【解說】 대명사(의문)

甲骨		怎麽 zěnme	怎麽得了 zěnme déliǎo
金文		怎麽樣 zěnmeyàng	怎敢 zěngǎn
篆書		怎樣 zěnyàng	怎好 zěnhǎo
隸書		怎麽着 zěnmezhe	怎能 zěnnéng
		怎奈 zěnnài	怎麽了? zěnme le?

最	最	【字音】 zuì (최)
		【字義】 가장, 제일 ; 최고, 으뜸
		【解說】 부사(정도) ; 명사

甲骨		最初 zuìchū	最終 zuìzhōng
金文		最後 zuìhòu	最高 zuìgāo
篆書		最近 zuìjìn	最佳 zuìjiā
隸書		最好 zuìhǎo	最惠國 zuìhuìguó
		最爲 zuìwéi	世界之最 shìjiè zhī zuì

吧	吧	【字音】ba ; bā (파) 【字義】~하자, ~하겠지 ; 뚝, 툭, 탁 ; 바(bar의 음역) 【解說】조사(어기) ; 의성어(bā) ; 명사(bā)

書體	字形	用例	用例
甲骨		好吧! hǎo ba!	吧吧 bābā
金文		回家吧! huíjiā ba!	吧嗒 bādā
篆書		你知道吧? Nǐ zhīdào ba?	吧唧 bāji
隸書		去吧, 不樂意 ;	酒吧 jiǔbā
		不去吧, 又不好。	網吧 wǎngbā

量	量	【字音】liàng ; liáng (양/량) 【字義】양, 수량, 용량 ; (무게를) 달다, 재다, 짐작하다 【解說】명사 ; 동사

書體	字形	用例	用例
甲骨		量變 liàngbiàn	量杯 liángbēi
金文		量詞 liàngcí	量程 liángchéng
篆書		量力 liànglì	量度 liángdù
隸書		量才錄用 liàng cái lù yòng	量具 liángjù
		度量衡 dùliànghéng	測量 cèliáng

電	电	【字音】 diàn (전) 【字義】 전기, 번개, 전보 ; 감전되다, 전보 치다, 전화 걸다 【解說】 명사 ; 동사

甲骨		電車 diànchē	電梯 diàntī
金文		電燈 diàndēng	電池 diànchí
篆書		電話 diànhuà	電力 diànlì
隸書		電視 diànshì	電流 diànliú
		電影 diànyǐng	電腦 diànnǎo

車	车	【字音】 chē (차) ; jū (거) 【字義】 (자동)차, 수레, 기계 ; 운반하다, 물을 퍼 올리다 【解說】 명사 ; 동사

甲骨		車站 chēzhàn	車道 chēdào
金文		車間 chējiān	車費 chēfèi
篆書		車輛 chēliàng	車票 chēpiào
隸書		車床 chēchuáng	車水馬龍 chē shuǐ mǎ lóng
		車廂 chēxiāng	車到山前必有路

先	先	【字音】 xiān (선) 【字義】 앞, 먼저, 원래, 조상 ; 앞서가다 ; 돌아가신 【解說】 명사 ; 동사 ; 형용사

書體	字形
甲骨	
金文	
篆書	
隷書	

先生 xiānsheng	先行 xiānxíng
先後 xiānhòu	先輩 xiānbèi
先進 xiānjìn	先見之明 xiān jiàn zhī míng
先鋒 xiānfēng	先例 xiānlì
先前 xiānqián	祖先 zǔxiān

媽	妈	【字音】 mā (마) 【字義】 엄마, 어머니, 나이 지긋한 부인을 부르는 말 【解說】 명사

書體	字形
甲骨	
金文	
篆書	
隷書	

媽媽 māma	媽媽大全 māma dàquán
媽祖 māzǔ	姑媽 gūmā
媽咪 māmī	姨媽 yímā
媽姐 mājiě	舅媽 jiùmā
媽港 Māgǎng (澳門 마카오)	大媽 dàmā

<table>
<tr><td rowspan="3" colspan="2">新</td><td rowspan="3">新</td><td colspan="2">【字音】 xīn (신)</td></tr>
<tr><td colspan="2">【字義】 새롭다, 새 것의 ; 새로이 ; 새롭게 하다 ; 새 것</td></tr>
<tr><td colspan="2">【解說】 형용사 ; 부사 ; 동사 ; 명사</td></tr>
<tr><td>甲骨</td><td></td><td colspan="2" rowspan="4">新年 xīnnián
新聞 xīnwén
新鮮 xīnxian
新生 xīnshēng
新式 xīnshì</td><td rowspan="4">新型 xīnxíng
新陳代謝 xīnchén dàixiè
新近 xīnjìn
新人 xīnrén
新興 xīnxīng</td></tr>
<tr><td>金文</td><td></td></tr>
<tr><td>篆書</td><td></td></tr>
<tr><td>隸書</td><td></td></tr>
</table>

<table>
<tr><td rowspan="3" colspan="2">口</td><td rowspan="3">口</td><td colspan="2">【字音】 kǒu (구)</td></tr>
<tr><td colspan="2">【字義】 입, 말(씨), 맛, 출입구, 주둥이, 식구, 항구</td></tr>
<tr><td colspan="2">【解說】 명사 ; 양사(사람, 마리, 입, 모금, 마디)</td></tr>
<tr><td>甲骨</td><td></td><td colspan="2" rowspan="4">口語 kǒuyǔ
口號 kǒuhào
口氣 kǒuqì
口試 kǒushì
口頭 kǒutóu</td><td rowspan="4">口岸 kǒu'àn
口腔 kǒuqiāng
口蜜腹劍 kǒu mì fù jiàn
口是心非 kǒu shì xīn fēi
口味 kǒuwèi</td></tr>
<tr><td>金文</td><td></td></tr>
<tr><td>篆書</td><td></td></tr>
<tr><td>隸書</td><td></td></tr>
</table>

幹	干	【字音】 gàn(幹/간) ; gān (乾/건, 干/간)
		【字義】 줄기, 간부, 일하다, 유능하다(幹) ; 본자는 '榦'
		【解說】 마르다, 비우다, 공연히, 억지로(乾) ; 방패(干)

甲骨		幹部 gànbù	乾淨 gānjìng
金文		幹活 gànhuó	乾杯 gānbēi
篆書		幹嗎 gànmá	乾脆 gāncuì
隸書		幹勁 gànjìn	乾燥 gānzào
		能幹 nénggàn	干涉 gānshè

軍	军	【字音】 jūn (군)
		【字義】 군, 군대, 군단 ; 군사적인
		【解說】 명사 ; 형용사

甲骨		軍隊 jūnduì	軍人 jūnrén
金文		軍事 jūnshì	軍閥 jūnfá
篆書		軍備 jūnbèi	軍醫 jūnyī
隸書		軍官 jūnguān	軍用 jūnyòng
		軍艦 jūnjiàn	軍裝 jūnzhuāng

製	制	【字音】 zhì (제) 【字義】 만들다, 제조하다(製) ; 제정하다 ; 제도(制) 【解說】 동사 ; 명사
甲骨		製造 zhìzào
金文		製作 zhìzuò
篆書		製品 zhìpǐn
隸書		制裁 zhìcái
		制訂 zhìdìng
		制定 zhìdìng
		制度 zhìdù
		制止 zhìzhǐ
		制服 zhìfú
		制約 zhìyuē

度	度	【字音】 dù (도) ; duó (탁) 【字義】 법도, 정도, 도량, 회, (시간) 보내다 ; 헤아리다 【解說】 명사, 양사, 동사 ; 동사(duó)
甲骨		度過 dùguò
金文		度假 dùjià
篆書		度量 dùliàng
隸書		度量衡 dùliànghéng
		度命 dùmìng
		度曲 dùqǔ
		度日 dùrì
		度數 dùshù
		度德量力 duó dé liàng lì
		以己度人 yǐ jǐ duó rén

解	解	【字音】 jiě ; jiè ; Xiè (해) 【字義】 풀다, 없애다, 이해하다 ; 호송하다 ; 성씨 【解說】 동사 ; 동사 ; 명사

書體	字形
甲骨	
金文	
篆書	
隷書	

解決 jiějué	解除 jiěchú
解答 jiědá	解雇 jiěgù
解放 jiěfàng	解散 jiěsàn
解釋 jiěshì	解渴 jiěkě
解剖 jiěpōu	解體 jiětǐ

活	活	【字音】 huó (활) 【字義】 살다 ; 활기차다 ; 통째로, 참으로 ; 일(노동) 【解說】 동사 ; 형용사 ; 부사 ; 명사

書體	字形
甲骨	
金文	
篆書	
隷書	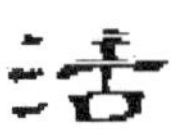

活動 huódong	活靈活現 huó líng huó xiàn
活潑 huópo	活路 huólù
活躍 huóyuè	活氣 huóqì
活該 huógāi	活現 huóxiàn
活力 huólì	幹活(兒) gàn huó(r)

加	加	【字音】 jiā (가)
		【字義】 보태다, 더하다, (증)가하다, 시행하다
		【解說】 동사

甲骨		加工 jiāgōng	加速 jiāsù
金文		加强 jiāqiáng	加油 jiāyóu
篆書		加以 jiāyǐ	加熱 jiārè
		加緊 jiājǐn	加深 jiāshēn
隸書		加入 jiārù	加重 jiāzhòng

因	因	【字音】 yīn (인)
		【字義】 연유, 원인 ; ~때문에 ; ~에 의해 ; 답습하다
		【解說】 명사 ; 접속사 ; 전치사 ; 동사 ; '茵'의 본자

甲骨		因爲 yīnwei	因果 yīnguǒ
金文		因此 yīncǐ	因素 yīnsù
		因而 yīn'ér	因襲 yīnxí
篆書		因數 yīnshù	因緣 yīnyuán
隸書		因材施教 yīn cái shī jiào	因人成事 yīn rén chéng shì

體	体	【字音】 tǐ (체)
		【字義】 몸, 신체, 물체, 체재, 체제 ; 체험하다, 알아주다
		【解說】 명사 ; 동사

甲骨		體育 tǐyù	體溫 tǐwēn
金文		體會 tǐhuì	體裁 tǐcái
篆書		體系 tǐxì	體制 tǐzhì
隸書		體操 tǐcāo	體現 tǐxiàn
		體力 tǐlì	體驗 tǐyàn

少	少	【字音】 shǎo ; shào (소)
		【字義】 적다, 모자라다, 약간 ; 젊다
		【解說】 형용사, 동사, 부사 ; 형용사

甲骨		少數 shǎoshù	少年 shàonián
金文		少量 shǎoliàng	少女 shàonǚ
篆書		少有 shǎoyǒu	少壯 shàozhuàng
隸書		少見多怪 shǎo jiàn duō guài	少年老成 shào nián lǎo chéng
		至少 zhìshǎo	年少無知 nián shào wú zhī

山 山

【字音】shān（산）

【字義】산, 산 모양의 것 ; 웅장하다, 거대하다

【解說】명사 ; 형용사

書體	字形	단어	단어
甲骨		山脈 shānmài	山谷 shāngǔ
金文		山區 shānqū	山河 shānhé
篆書		山地 shāndì	山脚 shānjiǎo
隸書		山峰 shānfēng	山嶺 shānlǐng
		山岡 shāngāng	山水 shānshuǐ

代 代

【字音】dài（대）

【字義】대리/대신/대체하다 ; 세대, 시대, 조대

【解說】동사 ; 명사

書體	字形	단어	단어
甲骨		代表 dàibiǎo	代號 dàihào
金文		代替 dàitì	代筆 dàibǐ
篆書		代辦 dàibàn	代詞 dàicí
隸書		代價 dàijià	代言人 dàiyánrén
		代理 dàilǐ	下一代 xiàyídài

五	五	【字音】 wǔ (오)
		【字義】 다섯, 오 ; 중국 민족 음악의 한 음계
		【解說】 수사 ; 명사

甲骨		五方 wǔfāng	五倫 wǔlún
金文		五更 wǔgēng	五色 wǔsè
篆書		五花八門 wǔ huā bā mén	五味 wǔwèi
隸書		五穀 wǔgǔ	五行 wǔxíng
		五里霧 wǔlǐwù	五音 wǔyīn

政	政	【字音】 zhèng
		【字義】 정치, 정권, 행정 업무, 사무
		【解說】 명사

甲骨		政府 zhèngfǔ	政變 zhèngbiàn
金文		政治 zhèngzhì	政見 zhèngjiàn
篆書		政策 zhèngcè	政論 zhènglùn
隸書		政黨 zhèngdǎng	政體 zhèngtǐ
		政權 zhèngquán	政通人和 zhèng tōng rén hé

階	阶	【字音】jiē (계) 【字義】층계, 계단, 계급, 등급 【解說】명사

甲骨		階段 jiēduàn	階梯 jiētī
金文		階級 jiējí	階下囚 jiēxiàqiú
篆書		階層 jiēcéng	石階 shíjiē
隷書		階前萬里 jiē qián wàn lǐ	臺階 táijiē
		階地 jiēdì	音階 yīnjiē

光	光	【字音】guāng (광) 【字義】빛, 영예, (음)덕, 경치 ; 밝다, 빛나다 ; ~(다)만 【解說】명사 ; 형용사 ; 부사

甲骨		光輝 guānghuī	光滑 guānghua
金文		光明 guāngmíng	光臨 guānglín
篆書		光榮 guāngróng	光景 guāngjǐng
隷書		光線 guāngxiàn	光陰 guāngyīn
		光彩 guāngcǎi	光說不做 guāng shuō bú zuò

門	门	【字音】 mén（문） 【字義】 문, 방법, 요령, 문파, 문하 ; 과목, 가지, 포문 【解說】 명사 ; 양사

甲骨		門口 ménkǒu	門票 ménpiào
金文		門診 ménzhěn	門人 ménrén
篆書		門當戶對 mén dāng hù duì	門下 ménxià
隸書		門第 méndì	門外漢 ménwàihàn（外行）
		門戶 ménhù	兩門功課 liǎng mén gōngkè

員	员	【字音】 yuán（원） 【字義】 종사원, 구성원, 인원 ; 명, 인, 사람 【解說】 명사 ; 양사

甲骨		員工 yuángōng	服務員 fúwùyuán
金文		員額 yuán'é	審判員 shěnpànyuán
篆書		員司 yuánsī	守門員 shǒuményuán
隸書		員外 yuánwài	售票員 shòupiàoyuán
		一員大將 yì yuán dàjiàng	指揮員 zhǐhuīyuán

住	住	【字音】 zhù (주)
		【字義】 거주하다, 숙박하다, 멎다, 정지하다
		【解說】 동사 ; 보어(정지, 견고, 안정, 능력 여부 표시)

甲骨	
金文	
篆書	
隸書	

住院 zhùyuàn	住居 zhùjū
住宅 zhùzhái	住口 zhùkǒu
住房 zhùfáng	住手 zhùshǒu
住所 zhùsuǒ	住宿 zhùsù
住戶 zhùhù	住址 zhùzhǐ

常	常	【字音】 cháng (상)
		【字義】 보통/평상의, 불변의 ; 항상, 자주, 때때로 ; 규율
		【解說】 형용사 ; 부사 ; 명사

甲骨	
金文	
篆書	
隸書	

常常 chángcháng	常務 chángwù
常識 chángshí	常用 chángyòng
常規 chángguī	常備不懈 cháng bèi bú xiè
常見 chángjiàn	常例 chánglì
常年 chángnián	人之常情 rén zhī cháng qíng

關	关	【字音】 guān (관) 【字義】 닫다, 끄다, 관련되다 ; 관계, 관문, 관절 【解說】 동사 ; 명사
甲骨		
金文		
篆書		
隸書		

關係 guānxi	關懷 guānhuái
關心 guānxīn	關頭 guāntóu
關鍵 guānjiàn	關閉 guānbì
關於 guānyú	關切 guānqiè
關照 guānzhào	關聯 guānlián

各	各	【字音】 gè (각) 【字義】 각, 여러, 갖가지 ; 각자, 각각 【解說】 대명사 ; 부사
甲骨		
金文		
篆書		
隸書		

各種 gèzhǒng	各界 gèjiè
各式各樣 gèshìgèyàng	各行各業 gèhánggèyè
各自 gèzì	各得其所 gè dé qí suǒ
各別 gèbié	各盡所能 gè jìn suǒ néng
各奔前程 gè bèn qián chéng	各有千秋 gè yǒu qiān qiū

原 原

【字音】 yuán (원)

【字義】 시초의, 원래의 ; 양해하다 ; 본래, 원래 ; 평원

【解說】 형용사 ; 동사 ; 부사 ; 명사 ; 본자는 '泉'

甲骨	
金文	
篆書	
隸書	

原來 yuánlái	原理 yuánlǐ
原諒 yuánliàng	原始 yuánshǐ
原料 yuánliào	原先 yuánxiān
原因 yuányīn	原子 yuánzǐ
原則 yuánzé	原油 yuányóu

比 比

【字音】 bǐ (비)

【字義】 비교하다, 본뜨다, 비유하다 ; ~에 비해, ~보다

【解說】 동사 ; 전치사 ; 명사(비, 비율)

甲骨	
金文	
篆書	
隸書	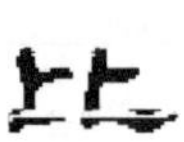

比較 bǐjiào	比分 bǐfēn
比賽 bǐsài	比價 bǐjià
比例 bǐlì	比喩 bǐyù
比如 bǐrú	比重 bǐzhòng
比方 bǐfāng	比率 bǐlǜ

月	月	【字音】yuè（월） 【字義】달, 월 ; 매달의, 매월의, 달처럼 둥근 것 【解說】명사 ; 형용사

書體			
甲骨		月亮 yuèliang	月初 yuèchū
金文		月球 yuèqiú	月底 yuèdǐ
篆書		月光 yuèguāng	月華 yuèhuá
		月份 yuèfèn	月臺 yuètái
隸書		月薪 yuèxīn	月餅 yuèbing

建	建	【字音】jiàn（건） 【字義】짓다, 건설하다, 설립하다, 제안하다 【解說】동사

書體			
甲骨		建設 jiànshè	建交 jiànjiāo
金文		建立 jiànlì	建都 jiàndū
篆書		建議 jiànyì	建國 jiànguó
		建築 jiànzhù	建樹 jiànshù
隸書		建造 jiànzào	修建 xiūjiàn

變	变	【字音】 biàn (변) 【字義】 변(화)하다, 변화시키다 ; 변화, 변고, 변통 【解說】 동사 ; 명사
甲骨		變成 biànchéng
金文		變化 biànhuà
篆書		變動 biàndòng
隷書		變革 biàngé
		變更 biàngēng
		變幻 biànhuàn
		變換 biànhuàn
		變遷 biànqiān
		變形 biànxíng
		變質 biànzhì

次	次	【字音】 cì (차) 【字義】 다음의, (품질이) 떨어지다 ; 다음가다 ; 번 ; 순서 【解說】 형용사 ; 동사 ; 양사 ; 명사
甲骨		次要 cìyào
金文		次品 cìpǐn
篆書		次數 cìshù
隷書		次序 cìxù
		次等 cìděng
		次第 cìdì
		次於 cìyú
		次子 cìzǐ
		其次 qícì
		層次 céngcì

第	第	【字音】 dì (제) 【字義】 순서, 차례, 과거, 저택 ; 제~ ; 단지 ~할 뿐 【解說】 명사 ; 접두사(+수사) ; 부사

書體	字形	單語	單語
甲骨		第一 dìyī	第一流 dìyīliú
金文		第二 dì'èr	第一名 dìyyīmíng
篆書		第一把手 dìyībǎshǒu (명사)	第一手 dìyīshǒu
隸書		第一産業 dìyīchǎnyè (명사)	及第 jídì
		第一世界 dìyīshìjiè (명사)	府第 fǔdì

應	应	【字音】 yīng ; yìng (응) 【字義】 (응당) ~해야 한다 ; 대답/대응/허락/부합하다 【解說】 조동사 ; 동사

書體	字形	單語	單語
甲骨		應該 yīnggāi	應酬 yìngchou
金文		應當 yīngdāng	應付 yìngfu
篆書		應分 yīngfèn	應驗 yìngyàn
隸書		應有盡有 yīng yǒu jìn yǒu	反應 fǎnyìng
		應用 yìngyòng	適應 shìyìng

條	条	【字音】tiáo (조)
		【字義】가늘고 긴 것, 가지, 조목, 조리 ; 조항, 줄기, 마리
		【解說】명사 ; 양사 ; 형용사(항목의, 가늘고 긴)

甲骨		條件 tiáojiàn	條子 tiáozi
金文		條約 tiáoyuē	條例 tiáolì
篆書		條款 tiáokuǎn	條目 tiáomù
隸書		條理 tiáolǐ	條分縷析 tiáo fēn lǚ xī
		條文 tiáowén	有條不紊 yǒu tiáo bù wěn

太	太	【字音】tài (태)
		【字義】최고의, 높다, 크다 ; 대단히, 매우, 그다지
		【解說】형용사 ; 부사(정도)

甲骨		太陽 tàiyáng	太半 tàibàn
金文		太太 tàitai	太古 tàigǔ
篆書		太空 tàikōng	太后 tàihòu
隸書		太平 tàipíng	太極(拳) tàijí(quán)
		太陽能 tàiyángnéng	不太好 bú tài hǎo

合 合

【字音】 hé（합）

【字義】 닫다, 합치다, 부합되다, 합계하다 ; 함께 ; 전부의

【解說】 동사 ; 부사 ; 형용사

書體	字形		
甲骨		合適 héshì	合成 héchéng
金文		合理 hélǐ	合法 héfǎ
篆書		合同 hétóng	合格 hégé
隸書		合作 hézuò	合算 hésuàn
		合唱 héchàng	合情合理 hé qíng hé lǐ

爭 争

【字音】 zhēng（쟁）

【字義】 경쟁하다, 논쟁하다, 겨루다 ; 어찌

【解說】 동사 ; 부사(주로 시, 사, 곡에 사용)

書體	字形		
甲骨		爭論 zhēnglùn	爭氣 zhēngqì
金文		爭取 zhēngqǔ	爭議 zhēngyì
篆書		爭奪 zhēngduó	爭權奪利 zhēng quán duó lì
隸書		爭吵 zhēngchǎo	爭先恐後 zhēng xiān kǒng hòu
		爭端 zhēngduān	戰爭 zhànzhēng

吃	吃	【字音】 chī (흘) 【字義】 먹다, (~로) 생활하다, 견디다 ; 말을 더듬다 【解說】 동사 ; 형용사 ; 본자는 '喫(끽)'	
甲骨		吃驚 chījīng	吃酒 chījiǔ
金文		吃苦 chīkǔ	吃罪 chīzuì
篆書		吃虧 chīkuī	吃後悔藥 chī hòuhuìyào
隸書		吃力 chīlì	吃裏爬外 chī lǐ pá wài
		吃勁 chījìn	口吃 kǒuchī

利	利	【字音】 lì (이/리) 【字義】 이익 ; 예리하다, 순조롭다 ; 편(리)하다, 이롭다 【解說】 명사 ; 형용사 ; 동사	
甲骨		利用 lìyòng	利息 lìxī
金文		利害 lìhài	利落 lìluo
篆書		利益 lìyì	利器 lìqì
隸書		利潤 lìrùn	大吉大利 dà jí dà lì
		利弊 lìbì	損人利己 sǔn rén lì jǐ

再	再	【字音】 zài (재)
		【字義】 재차, 다시, ~하고 나서, 더, 게다가 ; 두 번(째)
		【解說】 부사 ; 수사

甲骨		再見 zàijiàn	再度 zàidù
金文		再三 zàisān	再現 zàixiàn
篆書		再說 zàishuō	再接再厲 zài jiē zài lì
隸書		再生産 zàishēngchǎn	再生父母 zàishēng fùmǔ
		再次 zàicì	一而再，再而三。［再三再四］

果	果	【字音】 guǒ (과)
		【字義】 과일, 열매, 결과 ; 과감하다 ; 과연, 참으로
		【解說】 명사 ; 형용사 ; 부사

甲骨		果然 guǒrán	果醬 guǒjiàng
金文		果實 guǒshí	果肉 guǒròu
篆書		果樹 guǒshù	果糖 guǒtáng
隸書		果斷 guǒduàn	果汁 guǒzhī
		果敢 guǒgǎn	果眞(如此) guǒzhēn (rúcǐ)

表	表	【字音】 biǎo (표) 【字義】 겉, 본보기, (도)표, 시계(錶) ; 나타내다 【解說】 명사 ; 동사

甲骨		表示 biǎoshì	表面 biǎomiàn
金文		表現 biǎoxiàn	表明 biǎomíng
篆書		表演 biǎoyǎn	表情 biǎoqíng
隸書		表揚 biǎoyáng	表彰 biǎozhāng
		表達 biǎodá	表裏如一 biǎo lǐ rú yī

立	立	【字音】 lì (입/립) 【字義】 서다, 세우다, 제정하다 ; 바로 선 ; 곧, 즉시 【解說】 동사 ; 형용사 ; 부사

甲骨		立刻 lìkè	立體 lìtǐ
金文		立場 lìchǎng	立案 lì'àn
篆書		立方 lìfāng	立法 lìfǎ
隸書		立即 lìjí	立志 lìzhì
		立交橋 lìjiāoqiáo	立竿見影 lì gān jiàn yǐng

快 快

【字音】 kuài (쾌)

【字義】 빠르다, 즐겁다, 날카롭다, 정직하다 ; 빨리, 곧

【解說】 형용사 ; 부사

甲骨	
金文	
篆書	
隸書	

快餐 kuàicān	快樂 kuàilè
快活 kuàihuo	快慢 kuàimàn
快速 kuàisù	快馬加鞭 kuài mǎ jiā biān
快步 kuàibù	快要 (~了) kuàiyào (~le)
快車 kuàichē	心直口快 xīn zhí kǒu kuài

題 题

【字音】 tí (제)

【字義】 제목, 문제 ; 적다, 서명하다

【解說】 명사 ; 동사

甲骨	
金文	
篆書	
隸書	

題目 tímu	題名 tímíng
題材 tícái	題詩 tíshī
題跋 tíbá	題寫 tíxiě
題辭 tící	題字 tízì
題解 tíjiě(명) 解題 jiětí(동)	試題 shìtí

西	西	【字音】 xī (서)
		【字義】 서쪽, 서양(의), 극락세계, 서천(불교)
		【解說】 명사 ; '東'과 함께 쓰여 '도처에' '이리저리' 뜻함

甲骨		西邊 xībian	西紅柿 xīhóngshì
金文		西北 xīběi	西南 xīnán
篆書		西餐 xīcān	西服 xīfú
隸書		西方 xīfāng	西醫 xīyī
		西瓜 xīguā	東遊西逛 dōng yóu xī guàng

總	总	【字音】 zǒng (총)
		【字義】 총괄하다 ; 전체의, 주요한 ; 늘, 반드시, 대체로
		【解說】 동사 ; 형용사 ; 부사

甲骨		總是 zǒngshì	總而言之 zǒng ér yán zhī
金文		總結 zǒngjié	總共 zǒnggòng
篆書		總理 zǒnglǐ	總算 zǒngsuàn
隸書		總統 zǒngtǒng	總之 zǒngzhī
		總得 zǒngděi	總計 zǒngjì

思	思	【字音】 sī (사) 【字義】 생각하다, 그리워하다, 희망하다 ; 생각, 감정 【解說】 동사 ; 명사
甲骨		思想 sīxiǎng 思考 sīkǎo 思念 sīniàn 思索 sīsuǒ 思惟[維] sīwéi
金文		思潮 sīcháo 思量 sīliang 思路 sīlù 思前想後 sī qián xiǎng hòu 不可思議 bùkě sīyì
篆書		
隷書		

由	由	【字音】 yóu (유) 【字義】 유래, 이유 ; 경유하다 ; ~이, ~에 의해, ~로부터 【解說】 명사 ; 동사 ; 전치사 ; '油'의 본자
甲骨		由來 yóulái 由於 yóuyú 由此(可知) yóu cǐ (kě zhī) 由衷之言 yóu zhōng zhī yán 由東到西 yóu dōng dào xī
金文		事由 shìyóu 不由自主 bù yóu zì zhǔ 身不由己 shēn bù yóu jǐ 言不由衷 yán bù yóu zhōng 自由自在 zì yóu zì zài
篆書		
隷書		

結	结	【字音】jié ; jiē (결) 【字義】묶다, 엉기다, 결합하다 ; (열매)맺다, 더듬거리다 【解說】동사 ; 동사, 형용사
甲骨		
金文		
篆書		
隸書		

結果 jiéguǒ	結論 jiélùn
結束 jiéshù	結晶 jiéjīng
結構 jiégòu	結局 jiéjú
結合 jiéhé	結實 jiēshi
結婚 jiéhūn	結果 jiēguǒ

白	白	【字音】bái (백) 【字義】희다, 밝다, 분명하다 ; 헛되이, 거저 ; 진술하다 【解說】형용사 ; 부사 ; 동사 ; 명사(구어, 백화, 대명사)
甲骨		
金文		
篆書		
隸書		

白菜 báicài	白璧無瑕 bái bì wú xiá
白天 báitian	白面書生 bái miàn shū shēng
白白 báibái	白日做夢 bái rì zuò mèng
白酒 báijiǔ	白手起家 bái shǒu qǐ jiā
白話 báihuà	明白 míngbai

提	提	【字音】 tí (제) 【字義】 (손에) 들다, 끌어올리다, 앞당기다, 말을 꺼내다 【解說】 동사
甲骨		
金文		
篆書		
隸書		

提高 tígāo	提綱 tígāng
提倡 tíchàng	提問 tíwèn
提供 tígōng	提醒 tíxǐng
提前 tíqián	提議 tíyì
提包 tíbāo	提案 tí'àn

平	平	【字音】 píng (평) 【字義】 평평하다, 공평하다, 평온하다, 평상의 ; 평정하다 【解說】 형용사 ; 동사
甲骨		
金文		
篆書		
隸書		

平安 píng'ān	平均 píngjūn
平常 píngcháng	平時 píngshí
平等 píngděng	平原 píngyuán
平方 píngfāng	平凡 píngfán
平靜/平竫 píngjìng	平衡 pínghéng

百	百	【字音】bǎi (백) 【字義】백 ; 온갖, 많은, 전부인 【解說】수사 ; 형용사
甲骨		
金文		
篆書		
隸書		

百貨 bǎihuò	百年大計 bǎi nián dà jì
百分比 bǎifēnbǐ	百折不撓 bǎi zhé bù náo
百花齊放 bǎi huā qí fàng	百尺竿頭, 更進一步。
百家爭鳴 bǎi jiā zhēng míng	bǎi chǐ gān tóu, gèng jìn yí bù。
百般 bǎibān	千方百計 qiān fāng bǎi jì

東	东	【字音】dōng (동) 【字義】동쪽, 동방, 주인, 주최자 【解說】명사
甲骨		
金文		
篆書		
隸書		

東邊 dōngbian	東南 dōngnán
東西 dōngxī/dōngxi	東風吹馬耳 (馬耳東風)
東北 dōngběi	dōngfēng chuī mǎ'ěr
東方 dōngfāng	東山再起 Dōng shān zài qǐ
東面 dōngmiàn	東道主 dōngdàozhǔ

領	领	【字音】 lǐng（영/령） 【字義】 목, 깃, 요령 ; 받아들이다, 받다, 영유하다, 알다 【解說】 명사 ; 동사

甲骨		領導 lǐngdǎo	領事 lǐngshì
金文		領袖 lǐngxiù	領先 lǐngxiān
篆書		領會 lǐnghuì	領子 lǐngzi
隸書		領土 lǐngtǔ	領海 lǐnghǎi
		領域 lǐngyù	領有 lǐngyǒu

性	性	【字音】 xìng（성） 【字義】 성품, 성질, 특성, 성별, 성 ; ~성 【解說】 명사 ; 접미사

甲骨		性格 xìnggé	性情 xìngqing
金文		性質 xìngzhì	性急 xìngjí
篆書		性別 xìngbié	性氣 xìngqì
隸書		性能 xìngnéng	性行 xìngxíng
		性命 xìngmìng	創造性 chuàngzàoxìng

您	您	【字音】 nín (니) 【字義】 당신, 귀하, 선생님 ('你'의 존칭) 【解說】 대명사(인칭) ; '你'의 속자
甲骨		您們 nínmen
金文		您早! Nín zǎo!
篆書		您好? Nín hǎo?
隸書		您貴幹? Nín guìgàn? 您貴姓? Nín guìxìng?

書	书	【字音】 shū (서) 【字義】 책, 문서, 편지, 글씨체 ; 기록하다, (글씨를) 쓰다 【解說】 명사 ; 동사
甲骨		書包 shūbāo 書籍 shūjí
金文		書店 shūdiàn 書法 shūfǎ
篆書		書記 shūji 書面 shūmiàn 書架 shūjià 書寫 shūxiě
隸書		書本 shūběn 書信 shūxìn

隊	队	【字音】 duì (대) 【字義】 대, 열, 대열, 단체, 팀 ; 무리 【解說】 명사 ; 양사 ; '墜'의 본자

甲骨		隊伍 duìwu	隊部 duìbù
金文		隊長 duìzhǎng	隊旗 duìqí
		隊員 duìyuán	球隊 qiúduì
篆書		隊列 duìliè	成群結隊 chéng qún jié duì
隸書		隊形 duìxíng	一隊警察 yí duì jǐngchá

花	花	【字音】 huā (화) 【字義】 꽃(무늬) ; 알록달록한 ; 쓰다, 소비하다 【解說】 명사 ; 형용사 ; 동사 ; 본자는 '華'

甲骨		花園 huāyuán	花紋 huāwén
金文		花朵 huāduǒ	花樣 huāyàng
		花生 huāshēng	花好月圓 huā hǎo yuè yuán
篆書		花費 huāfei/huāfèi	花錢 huāqián
隸書		花色 huāsè	花言巧語 huā yán qiǎo yǔ

親	亲	【字音】qīn ; qìng (친) 【字義】사이가 좋다 ; 친하다, 입 맞추다 ; 몸소 ; 부모 【解說】형용사 ; 동사 ; 부사 ; 명사(qīn/qìng)

甲骨		親愛 qīn'ài	親眼 qīnyǎn
金文		親戚 qīnqi	親筆 qīnbǐ
篆書		親切 qīnqiè	親密 qīnmì
隸書		親自 qīnzì	親身 qīnshēn
		親熱 qīnrè	親家 qìngjiā (사돈댁)

被	被	【字音】bèi (피) 【字義】덮다, ~에게 ~당하다 ; 이불 ; ~에 의해 【解說】동사 ; 명사 ; 전치사

甲骨		被子 bèizi	被服 bèifú
金文		被動 bèidòng	被害 bèihài
篆書		被迫 bèipò	被難 bèinàn
隸書		被告 bèigào	被褥 bèirù
		被單 bèidān	被套 bèitào

決	决	【字音】jué（결）
		【字義】결코 ; (결)정하다, 끊다 ; 확고하다, 꿋꿋하다
		【解說】부사 ; 동사 ; 형용사

甲骨		決定 juédìng	決策 juécè
金文		決心 juéxīn	決賽 juésài
篆書		決口 juékǒu	決算 juésuàn
隸書		決議 juéyì	決戰 juézhàn
		決不 jué bù	決斷 juéduàn

敎	教	【字音】jiāo ; jiào（교）
		【字義】가르치다 ; 가르침, 종교, ~하게 하다
		【解說】동사 ; 명사, 전치사('叫'와 같음)

甲骨	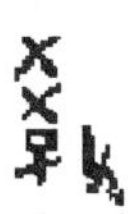	敎書 jiāoshū	敎師 jiàoshī
金文		敎室 jiàoshì	敎授 jiàoshòu
篆書		敎育 jiàoyù	敎學 jiàoxué
隸書		敎材 jiàocái	敎訓 jiàoxùn
		敎導 jiàodǎo	道敎 Dàojiào

論	论	【字音】lùn ; Lún (논/론) 【字義】논하다, 따지다, 말하다 ; ~로 말하자면 ; 『논어』 【解說】동사 ; 전치사 ; 명사(Lún) ; 본자는 '侖'

甲骨		論文 lùnwén	論理 lùnlǐ
金文		論點 lùndiǎn	論難 lùnnàn
篆書		論述 lùnshù	論說 lùnshuō
隸書		論證 lùnzhèng	論題 lùntí
		論據 lùnjù	論語 Lúnyǔ

內	内	【字音】nèi (내) 【字義】안(쪽), 내심, 내장, 황궁 【解說】명사(방위) ; 고어에서는 '納(nà)'와 같음

甲骨		內部 nèibù	內行 nèiháng
金文		內容 nèiróng	內幕 nèimù
篆書		內科 nèikē	內心 nèixīn
隸書		內地 nèidì	內在 nèizài
		內閣 nèigé	內政 nèihèng

跟	跟	【字音】 gēn (근) 【字義】 발뒤꿈치 ; 따라가다 ; ~와, ~처럼 ; ~와 【解說】 명사 ; 동사 ; 전치사 ; 접속사('和'에 상당함)

甲骨		跟前 gēnqián	跟不上 gēn bu shàng
金文		跟隨 gēnsuí	跟得上 gēn de shàng
篆書		跟頭 gēntou	跟上 gēnshang
隸書		跟踪 gēnzōng	跟手 gēnshǒu
		跟班 gēnbān	跟着 gēnzhe

嗎	吗	【字音】 ma (마) 【字義】 주로 문장 끝에 쓰여 의문의 어기를 나타냄 【解說】 조사(의문, 반문 어기, 화제를 이끌어 냄)

甲骨		他是中國人嗎?	
金文		明天他會來嗎?	
篆書		這不就成了嗎?	
隸書		我就不相信嗎!	
		進度嗎, 能快點就快點。	

相	相	【字音】 xiāng ; xiàng (상) 【字義】 서로, 직접 보다 ; 용모, 자세, 모양, 재상, 돕다 【解說】 부사, 동사 ; 명사, 동사

甲骨		相信 xiāngxìn	相同 xiāngtóng
金文		相當 xiāngdāng	相對 xiāngduì
篆書		相反 xiāngfǎn	相應 xiāngyīng
隸書		相互 xiānghù	相[象]聲 xiàngsheng
		相似 xiāngsì	首相 shǒuxiàng

笑	笑	【字音】 xiào (소) 【字義】 웃다, 비웃다 ; 우스운, 웃기는 【解說】 동사 ; 형용사

甲骨		笑話 xiàohua	笑納 xiàonà
金文		笑容 xiàoróng	笑聲 xiàoshēng
篆書		笑柄 xiàobǐng	笑談 xiàotán
隸書		笑劇 xiàojù	笑窩[渦] xiàowō
		笑貌 xiàomào	開玩笑 kāi wánxiào

完	完	【字音】 wán (완)
		【字義】 다하다, 완전하다 ; 완성하다, 마치다, 망하다
		【解說】 형용사 ; 동사

甲骨		完成 wánchéng	完畢 wánbì
金文		完全 wánquán	完蛋 wándàn
篆書		完整 wánzhěng	完璧歸趙 wán bì guī Zhào
		完備 wánbèi	完了 wánliǎo
隸書		完善 wánshàn	完美 wánměi

科	科	【字音】 kē (과)
		【字義】 과(생물, 사무조직), 과학, 조목, 학과, 과거(시험)
		【解說】 명사

甲骨		科研 kēyán	科目 kēmù
金文		科技 kējì	科白 kēbái
篆書		科普 kēpǔ	科場 kēchǎng
		科學 kēxué	科第 kēdì
隸書		科幻小說 kēhuàn xiǎoshuō	科擧 kējǔ

其 其

【字音】qí (기)

【字義】그(의), 그것, 그런 것 ; 매우, 극히

【解說】대명사 ; 접미사 ; '箕'의 본자

甲骨		其次 qícì	其間 qíjiān
金文		其他[它] qítā	其貌不揚 qí mào bù yáng
篆書		其餘 qíyú	順其自然 shùn qí zì rán
		其中 qízhōng	忘其所以 wàng qí suǒ yǐ
隸書		其實 qíshí	極其重要 jíqí zhòngyào

啊 啊

【字音】a ; ā, á, ǎ, à (아)

【字義】주로 문장 끝에 쓰여 다양한 어기를 나타냄

【解說】조사(긍정, 의문, 감탄, 강조) ; 감탄사(경탄, 인지)

甲骨		這次參觀收穫不少啊(a)!	啊(ā), 出虹了!
金文		你可要小心啊!	啊(á)? 你說什麽?
		是誰啊?	啊(ǎ), 這是怎麽回事?
篆書		你啊, 老這樣下去可不行!	啊(à), 是你好, 老同學!
隸書		茄子啊, 黃瓜啊, ……	啊(à), 偉大的祖國!

展	展	【字音】zhǎn（전）
		【字義】펼치다, 발휘하다, 전시하다 ; 전시회, 전람회
		【解說】동사 ; 명사

甲骨		展覽 zhǎnlǎn	展現 zhǎnxiàn
金文		展出 zhǎnchū	展限 zhǎnxiàn
		展開 zhǎnkāi	展翅 zhǎnchì
篆書		展示 zhǎnshì	展品 zhǎnpǐn
隸書		展望 zhǎnwàng	畫展 huàzhǎn

許	许	【字音】xǔ（허）
		【字義】칭찬하다, 허락/허가하다 ; 아마도 ; 가량 ; 이처럼
		【解說】동사 ; 부사 ; 수사 ; 대명사

甲骨		許多 xǔduō	許願 xǔyuàn
金文		許可 xǔkě	許字 xǔzì
		許婚 xǔhūn	許久 xǔjiǔ
篆書		許諾 xǔnuò	許是 xǔshì
隸書		許配 xǔpèi	也許 yěxǔ

資	资	【字音】 zī (자) 【字義】 (재물로) 돕다, 제공하다 ; 자질, 재료, 자금 【解說】 동사 ; 명사

甲骨		資本 zīběn	資格 zīgé
金文		資材 zīcái	資質 zīzhì
篆書		資財 zīcái	資料 zīliào
隸書		資産 zīchǎn	資源 zīyuán
		資金 zījīn	資助 zīzhù

者	者	【字音】 zhě (자) 【字義】 자, 것 ; ~라는 것은(문언) 【解說】 대명사 ; 조사 ; '煮' '諸'의 본자

甲骨		前者 qiánzhě	或者 huòzhě
金文		後者 hòuzhě	記者 jìzhě
篆書		强者 qiángzhě	作者 zuòzhě
隸書		弱者 ruòzhě	志願者 zhìyuànzhě
		患者 huànzhě	現實主義者 xiànshízhǔyìzhě

公	公	【字音】 gōng (공) 【字義】 공공의, 공평하다 ; 공개/공포하다 ; 공무, 공 【解說】 형용사 ; 동사 ; 명사

甲骨		公共汽車 gōnggòng qìchē	公開 gōngkāi
金文		公用電話 gōngyòng diànhuà	公路 gōnglù
篆書		公斤 gōngjīn	公司 gōngsī
		公里 gōnglǐ	公元 gōngyuán
隸書		公園 gōngyuán	公安(局) gōng'ān(jú)

更	更	【字音】 gèng (갱) ; gēng (갱/경) 【字義】 더욱, 다시 ; 고치다, 바꾸다, 경(야간 시간 단위) 【解說】 부사 ; 동사, 명사

甲骨		更加 gèngjiā	更新 gēngxīn
金文		(欲窮千里目) 更上一層樓	更正 gēngzhèng
		gèng shàng yì céng lóu	更迭 gēngdié
篆書		更改 gēnggǎi	(自力)更生 (zìlì) gēngshēng
隸書		更換 gēnghuàn	三更 sāngēng

帶	带	【字音】 dài (대) 【字義】 띠, 벨트, 지대 ; 지니다, 인솔하다, 띠다 【解說】 명사 ; 동사

甲骨		帶動 dàidòng	帶路 dàilù
金文		帶領 dàilǐng	帶有 dàiyǒu
篆書		帶頭 dàitóu	帶魚 dàiyú
隸書		帶勁 dàijìn	帶子 dàizi
		帶來 dàilai	安全帶 ānquándài

風	风	【字音】 fēng (풍) 【字義】 바람, 풍속, 풍경, 풍문, 풍격, 태도 【解說】 명사 ; 고어에서는 '諷(fěng)'과 같음

甲骨		風景 fēngjǐng	風暴 fēngbào
金文		風力 fēnglì	風度 fēngdù
篆書		風俗 fēngsú	風光 fēngguāng
隸書		風格 fēnggé	風浪 fēnglàng
		風氣 fēngqì	風味 fēngwèi

線	线	【字音】 xiàn (선) 【字義】 실, 선, 노선, 한계, 일터 ; 올, 줄기, 가닥 【解說】 명사 ; 양사

甲骨		線路 xiànlù	線條 xiàntiáo
金文		線索 xiànsuǒ	線頭 xiàntóu
篆書		線材 xiàncái	線裝 xiànzhuāng
隸書		線規 xiànguī	第一線 dìyīxiàn
		線脚 xiànjiǎo	一線希望 yí xiàn xīwàng

九	九	【字音】 jiǔ (구) 【字義】 아홉, 구, 많은 수, 여러 번 ; 구(절기 명칭) 【解說】 수사 ; 명사

甲骨		九宮 jiǔgōng	九泉 jiǔquán
金文		九九歸一 jiǔ jiǔ guī yī	九天 jiǔtiān
篆書		九牛一毛 jiǔ niú yì máo	九州 jiǔzhōu
隸書		九牛二虎之力 jiǔ niú èr hǔ zhī lì	九死一生 jiǔ sǐ yì shēng
			九霄雲外 jiǔ xiāo yún wài

導	导	【字音】 dǎo (도) 【字義】 인도하다, 지도하다, 연출하다 ; 연출자, 감독 【解說】 동사 ; 명사

甲骨		導彈 dǎodàn	導遊 dǎoyóu
金文		導師 dǎoshī	導火線 dǎohuǒxiàn
篆書		導演 dǎoyǎn	導向 dǎoxiàng
隸書		導致 dǎozhì	導體 dǎotǐ
		導航 dǎoháng	輔導 fǔdǎo

造	造	【字音】 zào (조) 【字義】 만들다, 조작하다, 도달하다, 배양하다 ; ~모작 【解說】 동사 ; 양사(농작물 수확 횟수를 세는 단위)

甲骨		造句 zàojù	造福 zàofú
金文		造反 zàofǎn	造化 zàohuà
篆書		造假 zàojiǎ	造就 zàojiù
隸書		造型 zàoxíng	造詣 zàoyì
		造成 zàochéng	一年三造 yìnián sān zào

呀	呀	【字音】 ya ; yā (하)
		【字義】 '啊'와 쓰임이 같은 어기조사 ; 아!, 야!(yā)
		【解說】 조사(의문, 찬탄, 나열 등 어기) ; 감탄사(놀람)

書體	字形	例文	例文
甲骨		你快(點兒)來呀!	排球呀, 籃球呀, 足球呀,
金文		你怎麽沒去開會呀?	他樣樣都愛玩。
篆書		這是多好的機會呀!	呀(yā), 下雪了!
		他呀, 能說會道,	呀(yā), 怎麽辦!
隷書		眞不好對付。	哎呀(āiyā), 不好了!

繫	系	【字音】 jì ; xì (계)
		【字義】 매다, 묶다(繫) ; 맺다, 마음에 두다(係)
		【解說】 동사 ; 동사, 명사(系 : 계통, 계열, 학과)

書體	字形	例詞	例詞
甲骨		繫安全帶 jì ānquándài	係數 xìshù
金文		繫詞 xìcí	關係 guānxì
		繫馬 xìmǎ	系統(性) xìtǒng(xìng)
篆書		係戀 xìliàn	系列 xìliè
隷書		係念 xìniàn	中文系 zhōngwénxì

日	日	【字音】 rì (일)
		【字義】 태양, 낮, 날, 매일, 하루하루, 때, 철
		【解說】 명사

甲骨		日(本)語 Rì(běn)yǔ	日報 rìbào
金文		日子 rìzi	日夜 rìyè
篆書		日常 rìcháng	日益 rìyì
隸書		日記 rìjì	日用(品) rìyòng(pǐn)
		日期 rìqī	日新月異 rì xīn yuè yì

鬪	斗	【字音】 dòu (鬪/투) ; dǒu (斗/두)
		【字義】 싸우다 ; 말, 두수(斗宿), 북두칠성
		【解說】 동사 ; 양사, 명사 ; 鬪의 본자는 '鬥'

甲骨	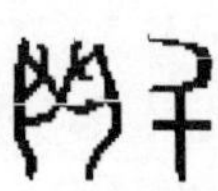	鬪爭 dòuzhēng	斗筆 dǒubǐ
金文		鬪志 dòuzhì	斗拱 dǒugǒng
篆書		鬪鷄 dòujī	斗轉星移 dǒu zhuǎn xīng yí
隸書	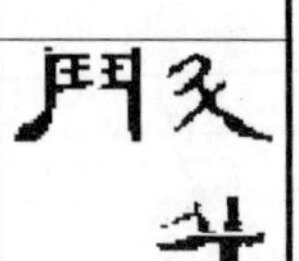	鬪牛 dòuniú	泰斗 tàidǒu
		鬪智 dòuzhì	熨斗 yùndǒu

敵	敌	【字音】 dí (적) 【字義】 적(수) ; 적대적인, (역량이) 비슷하다 ; 대항하다 【解說】 명사 ; 형용사 ; 동사	
甲骨		敵人 dírén	敵愾 díkài
金文		敵對 díduì	敵手 díshǒu
篆書		敵視 díshì	敵意 díyì
		敵國 díguó	敵陣 dízhèn
隸書		敵軍 díjūn	敵我矛盾 dí wǒ máo dùn

指	指	【字音】 zhǐ (지) 【字義】 손가락 ; 가리키다, 지적하다, 비평하다 【解說】 명사 ; 동사	
甲骨		指導 zhǐdǎo	指引 zhǐyǐn
金文		指揮 zhǐhuī	指定 zhǐdìng
篆書		指標 zhǐbiāo	指令 zhǐlìng
		指點 zhǐdiǎn	指明 zhǐmíng
隸書		指南針 zhǐnánzhēn	指手畫脚 zhǐ shǒu huà jiǎo

農	农	【字音】 nóng (농) 【字義】 농사, 농업, 농민 ; 농작물을 심다 【解說】 명사 ; 동사

甲骨		農村 nóngcūn	農貿市場 nóngmào shìchǎng
金文		農民 nóngmín	農田 nóngtián
篆書		農業 nóngyè	農藥 nóngyào
隸書		農場 nóngchǎng	農曆 nónglì
		農具 nóngjù	農産(品) nóngchǎn(pǐn)

直	直	【字音】 zhí (직) 【字義】 곧다, 수직의, 굳다, 솔직하다 ; 곧게 펴다 ; 줄곧 【解說】 형용사 ; 동사 ; 부사

甲骨		直到 zhídào	直轄(市) zhíxiá(shì)
金文		直接 zhíjiē	直至 zhízhì
篆書		直達 zhídá	直截了當 zhí jié liǎo dàng
隸書		直線 zhíxiàn	直言不諱 zhí yán bú huì
		直播 zhíbō	一直 yìzhí

哪	哪	【字音】nǎ ; na (나) 【字義】어느 (것), 어디 ; 감탄 어기 【解說】대명사 ; 조사(감탄 어기를 나타냄)

甲骨		哪裏 nǎli	哪邊 nǎbian
金文		哪怕 nǎpà	哪會兒 nǎhuìr
篆書		哪個 nǎge	哪兒 nǎr
隸書		哪些 nǎxiē	哪兒的話 nǎrde huà
		哪樣 nǎyàng	你要多留神哪(na)!

竝	并	【字音】bìng (병) 【字義】나란히 하다, 합치다(倂) ; 결코 ; 아울러 ; 조차도 【解說】동사 ; 부사 ; 접속사 ; 전치사

甲骨		竝且 bìngqiě	竝肩 bìngjiān
金文	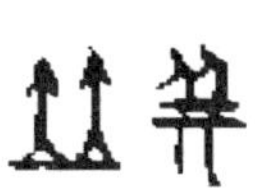	竝存 bìngcún	竝進 bìngjìn
篆書		竝非 bìngfēi	竝舉 bìngjǔ
隸書	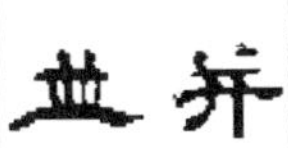	竝列 bìngliè	倂呑 bìngtūn
		竝行 bìngxíng	合倂 hébìng

萬	万	【字音】 wàn (만) 【字義】 만 ; 매우 많다 ; 아주, 온갖, 절대, 전혀 【解說】 수사 ; 형용사 ; 부사

甲骨		萬分 wànfēn	萬般 wànbān
金文		萬古長青 wàn gǔ cháng qīng	萬不得已 wàn bù dé yǐ
篆書		萬歲 wànsuì	萬能 wànnéng
隸書		萬萬 wànwàn	萬全 wànquán
		萬一 wànyī	千萬 qiānwàn

流	流	【字音】 liú (유/류) 【字義】 흐르다, 전(파)하다 ; 순조롭다 ; 흐름, 분파, 유배 【解說】 동사 ; 형용사 ; 명사

甲骨		流利 liúlì	流行 liúxíng
金文		流傳 liúchuán	流域 liúyù
篆書		流動 liúdòng	流浪 liúlàng
隸書		流氓 liúmáng	流露 liúlù
		流水 liúshuǐ	流通 liútōng

接 接

【字音】 jiē（접）

【字義】 잇다, 접근하다, 연속하다, 접수하다, 맞이하다

【解說】 동사

甲骨

金文

篆書 

隸書 

接着 jiēzhe	接收 jiēshōu (수취하다)
接觸 jiēchù	接受 jiēshòu (수락하다)
接待 jiēdài	接連 jiēlián
接到 jiēdào	接班 jiēbān
接近 jiējìn	接二連三 jiē èr lián sān

通 通

【字音】 tōng（통）

【字義】 통하다, 보통의, 온 ; 교류하다, 알리다, 정통하다

【解說】 형용사 ; 동사 ; 양사(문서, 정보를 세는 단위)

甲骨 

金文 

篆書 

隸書 

通常 tōngcháng	通商 tōngshāng
通順 tōngshùn	通信 tōngxìn
通過 tōngguò	通行 tōngxíng
通報 tōngbào	通訊 tōngxùn
通告 tōnggào	通知 tōngzhī

界	界	【字音】jiè (계)
		【字義】경계, 범위, 계(분야, 특수범위) ; 인접하다
		【解說】명사 ; 동사

甲骨		界限 jièxiàn	界說 jièshuō
金文		界碑 jièbēi	界線 jièxiàn
篆書		界尺 jièchǐ	邊界 biānjiè
隸書		界面 jièmiàn	眼界 yǎnjiè
		界石 jièshí	文藝界 wényìjiè

便	便	【字音】biàn ; pián (편)
		【字義】편리한, 간단한, 용변보다, 곧, 계제 ; (값이) 싸다
		【解說】형용사, 동사, 부사, 명사 ; 형용사

甲骨		便利 biànlì	便服[便衣] biànfú/biànyī
金文		便條 biàntiáo	便宜 biànyí (편리/적합하다)
篆書		便於 biànyú	便宜 piányi (싸다/헐하다)
隸書		便道 biàndào	順便 shùnbiàn
		便飯 biànfàn	隨便 suíbiàn

共 共

【字音】 gòng (공)

【字義】 함께하다 ; 공통의 ; 도합, 함께 ; 공산당(약칭)

【解說】 동사 ; 형용사 ; 부사 ; 명사

甲骨		共存 gòngcún	共享 gòngxiǎng
金文		共和(國) gònghé(guó)	共計 gòngjì
篆書		共鳴 gòngmíng	共總[總共] gòngzǒng/zǒnggòng
隸書		共同 gòngtóng	中(國)共(產黨)
		共通 gòngtōng	Zhōng(guó)Gòng(chǎndǎng)

位 位

【字音】 wèi (위)

【字義】 자리, 위치, 지위, 왕위 ; 명, 분

【解說】 명사 ; 양사(인원수를 세는 단위)

甲骨		位次 wèicì	位置 wèizhi
金文		位覺 wèijué	位子 wèizi
篆書		位能 wèinéng	位卑言高 wèi bēi yán gāo
隸書		位移 wèiyí	單位 dānwèi
		位於 wèiyú	諸位 zhūwèi

難	难	【字音】nán ; nàn (난)
		【字義】어렵다, 곤란하게 하다 ; 재난, 비난/책망하다
		【解說】형용사, 동사 ; 명사, 동사

甲骨		難道 nándào	難怪 nánguài
金文		難過 nánguò	難題 nántí
篆書		難看 nánkàn	難免 nánmiǎn
隸書		難受 nánshòu	難民 nànmín
		難得 nándé	非難 fēinàn

數	数	【字音】shǔ ; shù (수) ; shuò (삭)
		【字義】세다, 손꼽(히)다 ; 수, 운수, 여러 ; 누차, 자주
		【解說】동사 ; 명사, 수사 ; 부사

甲骨		數不勝數 shǔ bú shèng shǔ	數字 shùzì
金文		數說 shǔshuō	數據 shùjù
篆書		數一數二 shǔ yī shǔ èr	數目 shùmù
隸書		數學 shùxué	數詞 shùcí
		數量 shùliàng	數見不鮮 shuò jiàn bù xiān

色	色	【字音】 sè (색)
		【字義】 색(깔), 기/안/여색, 정경, 상황, 종류, 품질
		【解說】 명사 ; 불교(감각으로 느낄 수 있는 것)

甲骨		色彩 sècǎi	色盲 sèmáng
金文		色調 sèdiào	色情 sèqíng
篆書		色光 sèguāng	色素 sèsù
		色覺 sèjué	色相 sèxiàng
隸書		色厲內荏 sè lì nèi rěn	色卽是空, 空卽是色。

往	往	【字音】 wǎng (왕)
		【字義】 가다, (~로) 향하다 ; ~쪽으로 (향해) ; 이전의
		【解說】 동사 ; 전치사 ; 형용사

甲骨		往往 wǎngwǎng	往日 wǎngrì
金文		往來 wǎnglái	往事 wǎngshì
篆書		往常 wǎngcháng	往復 wǎngfù
		往返 wǎngfǎn	往還 wǎnghuán
隸書		往年 wǎngnián	一如既往 yì rú jì wǎng

記	记	【字音】 jì (기) 【字義】 기억하다, 기록하다 ; 기록, 기호, 책이나 글(서명) 【解說】 동사 ; 명사
甲骨		記得 jìde 記號 jìhao
金文		記錄 jìlù 記性 jìxing
篆書		記憶 jìyì 記名 jìmíng 記者 jìzhě 記事 jìshì
隸書		記載 jìzǎi 西遊記 Xīyóujì

世	世	【字音】 shì (세) 【字義】 천하, 세상, 생애, 세대, 시대 ; 대대로 전해오는 【解說】 명사 ; 형용사
甲骨		世界 shìjiè 世事 shìshì
金文		世紀 shìjì 世俗 shìsú 世代 shìdài 世態炎涼 shì tài yán liáng
篆書		世間 shìjiān 世外桃源 shì wài táo yuán
隸書		世情 shìqíng 問[面]世 wènshì/miànshì

根	根	【字音】gēn (근) 【字義】뿌리, 근원, 근거, 자손 ; 개, 가닥, 대 【解說】명사 ; 양사(가늘고 긴 것을 세는 단위)

甲骨		根本 gēnběn	根基 gēnjī
金文		根據 gēnjù	根莖 gēnjīng
篆書		根源 gēnyuán	根究 gēnjiū
隸書		根深蔕固 gēn shēn dì gù	根絶 gēnjué
		根底 gēndǐ	一根(兒)葱 yì gēn(r) cōng

任	任	【字音】rèn ; Rén (임) 【字義】임명하다, 맡다, 내버려두다 ; 직무 ; ~을 막론하고 【解說】동사 ; 명사 ; 접속사 ; 姓(Rén)

甲骨		任何 rènhé	任免 rènmiǎn
金文		任務 rènwu	任期 rènqī
篆書		任性 rènxìng	任用 rènyòng
隸書		任意 rènyì	任職 rènzhí
		任命 rènmìng	任重道遠 rèn zhòng dào yuǎn

區	区	【字音】 qū（구） 【字義】 구별, 구역, 구(행정구획 단위) ; 구분/구별하다 【解說】 명사 ; 동사

甲骨		區別 qūbié	風景區 fēngjǐngqū
金文		區域 qūyù	工業區 gōngyèqū
篆書		區分 qūfēn	特(別)區 tè(bié)qū
隷書		區劃 qūhuà	住宅區 zhùzháiqū
		區區 qūqū	自治區 zìzhìqū

認	认	【字音】 rèn（인） 【字義】 알다, 식별하다, (가치를) 인정하다, 중시하다 【解說】 동사

甲骨		認識 rènshi	認錯 rèncuò
金文		認爲 rènwéi	認可 rènkě
篆書		認眞 rènzhēn	認領 rènlǐng
隷書		認得 rènde	認證 rènzhèng
		認定 rèndìng	認賊作父 rèn zéi zuò fù

將	将	【字音】jiāng ; jiàng (장) 【字義】장차, ~일 것이다, ~로써, ~을 ; 장수, 이끌다 【解說】부사, 전치사 ; 명사, 동사

書體	字形	詞例	詞例
甲骨		將來 jiānglái	將錯就錯 jiāng cuò jiù cuò
金文		將要 jiāngyào	將計就計 jiāng jì jiù jì
篆書		將近 jiāngjìn	將信將疑 jiāng xìn jiāng yí
隸書		將軍 jiāngjūn (명사/동사)	將官 jiàngguān
		將功贖罪 jiāng gōng shú zuì	將士 jiàngshì

處	处	【字音】chǔ ; chù (처) 【字義】(곳, 상황에) 처하다, 처리하다, 살다 ; 곳, 처 【解說】동사 ; 명사

書體	字形	詞例	詞例
甲骨		處分 chǔfèn	處境 chǔjìng
金文		處理 chǔlǐ	處決 chǔjué
篆書	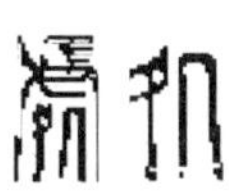	處於 chǔyú	處置 chǔzhì
隸書		處罰 chǔfá	處處 chùchù
		處方 chǔfāng	處所 chùsuǒ

今	今	【字音】 jīn (금)
		【字義】 현대, 지금, 현대 ; 이(것)
		【解說】 명사 ; 대명사(문언)

甲骨		今年 jīnnián	今生 jīnshēng
金文		今天 jīntiān	今世 jīnshì
篆書		今後 jīnhòu	今是昔非 jīn shì xī fēi
隸書		今日 jīnrì	今文(經) jīnwén(jīng)
		今人 jīnrén	今次 jīncì

望	望	【字音】 wàng (망)
		【字義】 바라보다, 방문하다, 바라다 ; ~을 향하여, ~으로
		【解說】 동사 ; 전치사 ; 명사(명망, 명성, 희망, 보름)

甲骨		望塵莫及 wàng chén mò jí	望遠鏡 wàngyuǎnjìng
金文		望穿秋水 wàng chuān qiū shuǐ	希望 xīwàng
篆書		望風而逃 wàng fēng ér táo	失望 shīwàng
隸書		望文生義 wàng wén shēng yì	探望 tànwàng
		望子成龍 wàng zǐ chéng lóng	德高望重 dé gāo wàng zhòng

女	女	【字音】 nǚ (여/녀) 【字義】 여자, 딸, 여수(女宿) ; 여성의, 여자의 【解說】 명사 ; 형용사 ; 고어에서 '汝(rǔ)'와 같음

甲骨		女兒 nǚ' ér	女工 nǚgōng
金文		女人 nǚrén	女生 nǚshēng
篆書		女士 nǚshì	女權 nǚquán
		女子 nǚzǐ	女婿 nǚxù
隸書		女性 nǚxìng	男女老少 nánnǚlǎoshào

群	群	【字音】 qún (군) 【字義】 무리, 군중 ; 무리를 이루다 ; 떼 지어 모이다 【解說】 명사 ; 형용사 ; 동사 ; 양사(무리, 떼)

甲骨		群衆 qúnzhòng	群落 qúnluò
金文		群島 qúndǎo	群策群力 qún cè qún lì
篆書		群體 qúntǐ	群雄(逐鹿) qúnxióng (zhúlù)
		群集 qúnjí	群英(會) qúnyīng(huì)
隸書		群居 qúnjū	一群鴨子 yì qún yāzi

運	运	【字音】yùn（운） 【字義】운동하다, 운반하다, 운용하다 ; 운, 운세, 운명 【解說】동사 ; 명사
甲骨		運動 yùndòng
金文		運輸 yùnshū
篆書		運用 yùnyòng
隸書		運氣 yùnqì
		運轉 yùnzhuǎn
		運送 yùnsòng
		運算 yùnsuàn
		運行 yùnxíng
		運筆疾書 yùn bǐ jí shū
		運斤成風 yùn jīn chéng fēng

覺	觉	【字音】jué（각）; jiào（교） 【字義】느끼다,（잠에서）깨다, 각성하다, 감각 ; 잠, 수면 【解說】동사, 명사 ; 명사
甲骨		覺得 juéde
金文		覺察 juéchá
篆書		覺悟 juéwù
隸書		覺醒 juéxǐng
		自覺自願 zì jué zì yuàn
		感覺 gǎnjué
		知覺 zhījué
		睡覺 shuìjiào
		懶覺 lǎnjiào
		回籠覺 huílóngjiào

石	石	【字音】 shí ; dàn (석) 【字義】 돌, 석각, 결석(의학) ; 석/섬(10말) 【解說】 명사 ; 양사(곡식의 용량을 재는 단위)

甲骨		石頭 shítou	石膏 shígāo
金文		石油 shíyóu	石碑 shíbēi
篆書		石灰 shíhuī	石刻 shíkè
隸書		石版 shíbǎn	石器時代 shíqì shídài
		石沈大海 shí chén dà hǎi	石破天驚 shí pò tiān jīng

孩	孩	【字音】 hái (해) 【字義】 애, 어린이, 자녀 【解說】 명사 ; 갑골 '亥'

甲骨		孩子 háizi	孩提之事 háití zhī shì
金文		孩兒 hái'ér	孩子氣 háiziqì
篆書		孩氣 háiqì	孩子王 háiziwáng
隸書		孩提 háití	孩子頭(兒) háizitóu(r)
		孩童 háitóng	男[女]孩(子) nán[nǚ]hái(zi)

研	研	【字音】 yán (연) 【字義】 곱게 갈다, 연구하다, 탐구하다 【解說】 동사

甲骨		研究 yánjiū	研讀 yándú
金文		研究所 yánjiūsuǒ	研磨 yánmó
篆書		研究生 yánjiūshēng	研討(會) yántǎo(huì)
隷書		研究員 yánjiūyuán	研習 yánxí
		研製 yánzhì	研鑽[鑽研] yánzuān/zuānyán

每	每	【字音】 měi (매) 【字義】 매~, 각, ~마다 ; 늘, 항상, 자주 【解說】 대명사 ; 부사

甲骨		每常 měicháng	每每 měiměi
金文		每次 měicì	每年 měinián
篆書		每當 měidāng	每人 měirén
隷書		每家每戶 měi jiā měi hù	每天 měitiān
		每況愈下 měi kuàng yù xià	每逢佳節倍思親 měiféng~

半	半	【字音】 bàn (반)
		【字義】 (절)반 ; 반쯤 ; 중간의, 불완전한
		【解說】 수사 ; 부사 ; 형용사

甲骨		半天 bàntiān	半徑 bànjìng
金文		半導體 bàndǎotǐ	半路 bànlù
篆書		半夜 bànyè	半途而廢 bàn tú ér fèi
		半島 bàndǎo	半眞半假 bàn zhēn bàn jiǎ
隸書		半截 bànjié	半信半疑 bàn xìn bàn yí

火	火	【字音】 huǒ (화)
		【字義】 불, 열 ; 화내다 ; 번창하다, 붉은색의 ; 긴급하게
		【解說】 명사 ; 동사 ; 형용사 ; 부사

甲骨		火車 huǒchē	火藥 huǒyào
金文		火柴 huǒchái	火災 huǒzāi
篆書		火箭 huǒjiàn	(十萬)火急 (shíwàn) huǒjí
		火力 huǒlì	火冒三丈 huǒ mào sān zhàng
隸書		火焰 huǒyàn	火燒眉毛 huǒ shāo méi mao

形	形	【字音】 xíng (형) 【字義】 형체, 형상, 모양 ; 나타나다, 비교하다 【解說】 명사 ; 동사 ; 접미사(~形)

甲骨		形成 xíngchéng	形狀 xíngzhuàng
金文		形容 xíngróng	形態 xíngtài
篆書		形式 xíngshì	形而上學 xíng'érshàngxué
隸書		形勢 xíngshì	形形色色 xíngxíngsèsè
		形象 xíngxiàng	形影不離 xíng yǐng bù lí

師	师	【字音】 shī (사) 【字義】 스승, 본보기, 군대 ; 본받다, (따라) 배우다 【解說】 명사 ; 동사

甲骨		師傅 shīfu	師父 shīfu
金文		師範 shīfàn	師母 shīmǔ
篆書		師長 shīzhǎng	師兄 shīxiōng
隸書		師表 shībiǎo	師弟 shīdì
		師法 shīfǎ	師心自用 shī xīn zì yòng

件	件	【字音】jiàn (건) 【字義】일, 사건, 개체, 서류, 문건 ; 건, 개 【解說】명사 ; 양사(일, 사건, 개체의 사물을 세는 단위)
甲骨		
金文		
篆書		
隸書		

件(兒) jiàn(r)	證件 zhèngjiàn
件件 jiànjiàn	(電子)郵件 (diànzǐ)yóujiàn
件數 jiànshu	一件事 yí jiàn shì
零件 língjiàn	兩件毛衣 liǎng jiàn máoyī
條件 tiáojiàn	三件行李 sān jiàn xíngli

愛	爱	【字音】ài (애) 【字義】사랑하다, 아끼다, ~하기 좋아하다, 곧잘 ~하다 【解說】동사
甲骨		
金文		
篆書		
隸書		

爱人 àiren	爱戴 àidài
爱好 àihào	爱面子 ài miànzi
爱護 àihù	爱不釋手 ài bú shì shǒu
爱情 àiqíng	爱莫能及 ài mò néng jí
爱惜 àixī	爱屋及烏 ài wū jí wū

辦	办	【字音】bàn（판） 【字義】처리하다, 창립/창설하다, 처벌하다 ; 사무실(약칭) 【解說】동사 ; 명사

甲骨		辦法 bànfǎ	辦理 bànlǐ
金文		辦公 bàngōng	辦學 bànxué
篆書		辦公室 bàngōngshì	辦案 bàn'àn
隸書		辦事 bànshì	辦稿 bàngǎo
		辦事員 bànshìyuán	辦罪 bànzuì

步	步	【字音】bù（보） 【字義】걸음, (일의 진행) 단계, 상태 ; 걷다, 밟다 【解說】명사 ; 동사

甲骨		步驟 bùzhòu	步步 bùbù
金文		步兵 bùbīng	步步高(升) bùbùgāo(shēng)
篆書		步伐 bùfá	步調 bùdiào
隸書		步行 bùxíng	步人後塵 bù rén hòu chén
		步子 bùzi	步哨 bùshào

識	识	【字音】shí（식）；zhì（지） 【字義】알다, 식별하다, 식견 ；기호, 표지 【解說】동사, 명사 ；명사
甲骨		
金文		
篆書		
隸書		

識相 shíxiàng	識破 shípò
識別 shíbié	識羞 shíxiū
識貨 shíhuò	識文斷字 shí wén duàn zì
識家 shíjiā	標識 biāozhì
識見 shíjiàn	款識 kuǎnzhì

治	治	【字音】zhì（치） 【字義】다스리다, 치료하다, 처벌/징벌하다 ；태평하다 【解說】동사 ；형용사
甲骨		
金文		
篆書		
隸書		

治療 zhìliáo	治國安民 zhì guó ān mín
治安 zhì'ān	治世 zhìshì
治理 zhìlǐ	治水 zhìshuǐ
治病 zhìbìng	治外法權 zhìwài fǎquán
治病救人 zhì bìng jiù rén	治罪 zhìzuì

寫	写	【字音】 xiě (사)
		【字義】 글씨를 쓰다, 글을 쓰다/짓다, 묘사하다, 그리다
		【解說】 동사

甲骨		寫作 xiězuò	寫實 xiěshí
金文		寫本 xiěběn	寫意 xiěyì
		寫法 xiěfǎ	寫照 xiězhào
篆書		寫景 xiějǐng	寫眞 xiězhēn
隸書		寫生 xiěshēng	寫字 xiězì

信	信	【字音】 xìn (신)
		【字義】 신용, 편지, 소식 ; 믿다 ; 진실/성실하다, 참되다
		【解說】 명사 ; 동사 ; 형용사

甲骨		信封 xìnfēng	信息 xìnxī
金文		信心 xìnxīn	信賴 xìnlài
		信號 xìnhào	信仰 xìnyǎng
篆書		信念 xìnniàn	信用 xìnyòng
隸書		信任 xìnrèn	信義 xìnyì

熱 热

【字音】 rè (열)

【字義】 열, 유행 ; 덥다, 인기 있다, 정이 깊다 ; 덥히다

【解說】 명사 ; 형용사 ; 동사

甲骨	
金文	
篆書	
隸書	

熱情 rèqíng

熱愛 rè'ài

熱烈 rèliè

熱鬧 rènao

熱心 rèxīn

熱帶 rèdài

熱門 rèmén

熱潮 rècháo

熱誠 rèchéng

熱淚盈眶 rè lèi yíng kuàng

衆 众

【字音】 zhòng (중)

【字義】 많다 ; 많은 사람

【解說】 형용사 ; 명사

甲骨	
金文	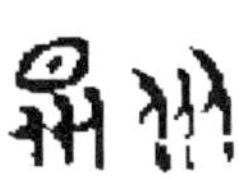
篆書	
隸書	

衆多 zhòngduō

衆人 zhòngrén

衆所周知 zhòng suǒ zhōu zhī

衆口難調 zhòng kǒu nán tiáo

衆口鑠金 zhòng kǒu shuò jīn

衆口一詞 zhòng kǒu yì cí

衆目睽睽 zhòng mù kuí kuí

衆叛親離 zhòng pàn qīn lí

衆擎易擧 zhòng qíng yì jǔ

才華出衆 cáihuá chūzhòng

究	究	【字音】jiū（구） 【字義】자세히 연구/탐구하다 ; 결국, 요컨대. 도대체 【解說】동사 ; 부사

甲骨		究竟 jiūjìng	究詰 jiūjié
金文		究辦 jiūbàn	究明 jiūmíng
篆書		究察 jiūchá 究根(兒) jiūgēn(r)	究問 jiūwèn 講究 jiǎngjiu
隸書		追根究底 zhuī gēn jiū dǐ	追究 zhuījiū

計	计	【字音】jì（계） 【字義】계산하다, 총계하다, 계획하다 ; 꾀, 계략, 계량기 【解說】동사 ; 명사

甲骨		計劃 jìhuà	計時 jìshí
金文		計算(機) jìsuàn(jī) 計較 jìjiào	計數 jìshù 計程車 jìchéngchē
篆書		計策 jìcè	計日程功 jì rì chéng gōng
隸書		計量 jìliàng	血壓計 xuèyājì

八	八	【字音】 bā (팔) 【字義】 여덟, 팔 【解說】 수사

甲骨		八寶 bābǎo	八字 bāzì
金文		八成 bāchéng	八月節 Bāyuèjié
篆書		八方 bāfāng	八拜之交 bā bài zhī jiāo
隸書		八卦 bāguà	八面玲瓏 bā miàn líng lóng
		八角 bājiǎo	八仙過海 bāxiān guò hǎi

强	强	【字音】 qiáng ; qiǎng ; jiàng (강) 【字義】 강하다, 우월하다, 강(성)하게 하다 ; 억지로 하다 【解說】 형용사, 동사 ; 동사 ; 형용사(jiàng : 완강하다)

甲骨		强大 qiángdà	强盛 qiángshèng
金文		强盜 qiángdào	强制 qiángzhì
篆書		强調 qiángdiào	强迫 qiǎngpò
隸書		强烈 qiángliè	强辯 qiǎngbiàn
		强化 qiánghuà	倔强 juéjiàng

卻	却	【字音】 què (각)
		【字義】 물러나다, ~해버리다 ; 도리어, ~(하)지만
		【解說】 동사 ; 부사 ; '却'의 본자는 '卻'

書體	
甲骨	
金文	
篆書	
隸書	

卻步(不前) quèbù (bù qián)	卻之不恭 què zhī bù gōng
卻病 quèbìng	失卻 shīquè
卻敵 quèdí	却說 quèshuō
卻是 quèshì	冷却 lěngquè
卻退 quètuì	推却 tuīquè

特	特	【字音】 tè (특)
		【字義】 특별/특수하다 ; 특히, 일부러, 다만
		【解說】 형용사 ; 부사

書體	
甲骨	
金文	
篆書	
隸書	

特別 tèbié	特産 tèchǎn
特點 tèdiǎn	特地 tèdì
特殊 tèshū	特定 tèdìng
特色 tèsè	特權 tèquán
特徵 tèzhēng	特務 tèwù

拿 拿

【字音】 ná (나)

【字義】 (손으로) 잡다, 얻다, 장악하다 ; ~(으)로써

【解說】 동사 ; 전치사

甲骨	
金文	
篆書	
隸書	

拿定 nádìng	拿人 nárén
拿獲 náhuò	拿手 náshǒu
拿腔拿調 ná qiāng ná diào	拿手好戲 ná shǒu hǎo xì
拿腔作勢 ná qiāng zuò shì	拿問 náwèn
拿權 náquán	拿主意 ná zhǔyi

連 连

【字音】 lián (연/련)

【字義】 잇다 ; 계속하여 ; ~조차도, ~마저도

【解說】 동사 ; 부사 ; 전치사('也' '都'와 호응하여 씀)

甲骨	
金文	
篆書	
隸書	

連~都[也]~ lián~dōu[yě]~	連綿 liánmián
連忙 liánmáng	連年 liánnián
連續 liánxù	連同 liántóng
連接 liánjiē	連夜 liányè
連連 liánlián	連篇累牘 lián piān lěi dú

改 改

【字音】gǎi（개）

【字義】고치다, 바꾸다, 바로잡다, 개정하다

【解說】동사

甲骨	
金文	
篆書	
隸書	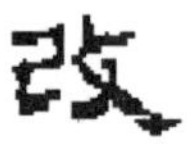

改變 gǎibiàn	改正 gǎizhèng
改革 gǎigé	改編 gǎibiān
改進 gǎijìn	改良 gǎiliáng
改善 gǎishàn	改邪歸正 gǎi xié guī zhèng
改造 gǎizào	改組 gǎizǔ

受 受

【字音】shòu（수）

【字義】받다, 참다, 견디다, 당하다

【解說】동사

甲骨	
金文	
篆書	
隸書	

受傷 shòushāng	受權 shòuquán
受害 shòuhài	受賞 shòushǎng
受賄 shòuhuì	受刑 shòuxíng
受苦 shòukǔ	受益 shòuyì
受難 shòunàn	受寵若驚 shòu chǒng ruò jīng

或 或

【字音】 huò (혹)

【字義】 혹은, 또는 ; 혹시, 아마도 ; 혹자

【解說】 접속사 ; 부사 ; 대명사 ; '國', '域'의 본자

甲骨		或者 huòzhě	或人 huòrén
金文		或是 huòshi	或~或~ huò~huò~
篆書		或許 huòxǔ	或多或少 huò duō huò shǎo
隸書		或然 huòrán	或先或後 huò xiān huò hòu
		或則 huòzé	或早或晚 huò zǎo huò wǎn

設 设

【字音】 shè (설)

【字義】 설치하다, 건립하다, 계획하다, 가정하다 ; 설령

【解說】 동사 ; 접속사

甲骨		設備 shèbèi	設施 shèshī
金文		設計 shèjì	設有 shèyǒu
篆書		設法 shèfǎ	設置 shèzhì
隸書		設想 shèxiǎng	設身處地 shè shēn chǔ dì
		設立 shèlì	設使 shèshǐ

報 报

【字音】bào (보)

【字義】보고하다, 회답하다, 보답하다, 보복하다 ; 신문

【解說】동사 ; 명사

書體	字形
甲骨	
金文	
篆書	
隸書	

報到 bàodào

報道[導] bàodào/bàodǎo

報告 bàogào

報名 bàomíng

報紙 bàozhǐ

報仇 bàochóu

報酬 bàochou

報復 bàofu

報刊 bàokān

報社 bàoshè

算 算

【字音】suàn (산)

【字義】계산하다, 계획하다, ~로 치다, 인정하다 ; 마침내

【解說】동사 ; 부사

書體	字形
甲骨	
金文	
篆書	
隸書	

算了 suànle

算是 suànshì

算數 suànshù

算盤 suànpán

算術 suànshù

算得 suàndé

算計 suànjì

算命 suànmìng

算題 suàntí

算賬 suànzhàng

此	此	【字音】 cǐ (차)
		【字義】 이(것), 이 때, 이 곳, 이렇게
		【解說】 대명사

甲骨		此外 cǐwài	此間 cǐjiān
金文		此刻 cǐkè	此起彼伏 cǐ qǐ bǐ fú
篆書		此後 cǐhòu	此人 cǐrén
		此時 cǐshí	此事 cǐshì
隸書		此地 cǐdì	此致 cǐzhì

切	切	【字音】 qiè ; qiē (절)
		【字義】 절실하다, 꼭, 부합되다 ; 끊다, 자르다
		【解說】 형용사, 부사, 동사 ; 동사 ; 갑골 '七'

甲骨		切實 qièshí	切合 qièhé
金文		切齒 qièchǐ	切切 qièqiè
		切當 qièdàng	切中 qièzhòng
篆書		切膚之痛 qiè fū zhī tòng	切磋琢磨 qiē cuō zhuó mó
隸書		切骨之仇 qiè gǔ zhī chóu	切削 qiēxiāo

必	必	【字音】 bì (필) 【字義】 꼭, 반드시, 반드시 ~해야 한다 【解說】 부사

甲骨		必須 bìxū	必需 bìxū
金文		必然 bìrán	必將 bìjiāng
篆書		必要 bìyào	必得 bìděi
隸書		必定 bìdìng	必至 bìzhì
		必修 bìxiū	必恭必敬 bì gōng bì jìng

站	站	【字音】 zhàn (참) 【字義】 서다, 멈추다 ; 역, 정류소, 정류장 【解說】 동사 ; 명사

甲骨		站崗 zhàngǎng	站票 zhànpiào
金文		站定 zhàndìng	站臺 zhàntái
篆書		站脚 zhànjiǎo	站穩 zhànwěn
隸書		站隊 zhànduì	站住 zhànzhù
		站立 zhànlì	(火)車站 (huǒ)chēzhàn

管 管

【字音】 guǎn (관)

【字義】 관, 호스 ; 관리/관장/관할하다, 맡다, 단속하다

【解說】 명사 ; 동사

甲骨		
金文		
篆書		
隷書		

管理 guǎnlǐ	管制 guǎnzhì
管道 guǎndào	管絃樂 guǎnxiányuè
管子 guǎnzi	管樂器 guǎnyuèqì
管轄 guǎnxiá	管窺蠡測 guǎn kuī lí cè
管教 guǎnjiào	管中窺豹 guǎn zhōng kuī bào

空 空

【字音】 kōng ; kòng (공)

【字義】 비다, 헛되이, 공중 ; 틈, 짬, 비어 있는, 비우다

【解說】 형용사, 부사, 명사 ; 명사, 형용사, 동사

甲骨		
金文		
篆書		
隷書		

空氣 kōngqì	空間 kōngjiān
空前(絶後) kōngqián (juéhòu)	空想 kōngxiǎng
空軍 kōngjūn	空中 kōngzhōng
空洞 kōngdòng	空白 kòngbái
空話 kōnghuà	空隙 kòngxì

遠	远	【字音】 yuǎn (원) 【字義】 (공간적, 시간적, 사이가) 멀다, 크다 ; 멀리하다 【解說】 형용사 ; 동사

甲骨		遠大 yuǎndà	遠親 yuǎnqīn
金文		遠方 yuǎnfāng	遠洋 yuǎnyáng
篆書		遠景 yuǎnjǐng	遠見卓識 yuǎn jiàn zhuō shí
隸書		遠古 yuǎngǔ	遠交近攻 yuǎn jiāo jìn gōng
		遠近 yuǎnjìn	遠走高飛 yuǎn zǒu gāo fēi

期	期	【字音】 qī (기) 【字義】 시기, 기간, 기한 ; (시일을) 정하다, 기대하다 【解說】 명사 ; 동사

甲骨		期刊 qīkān	期考 qīkǎo
金文		期待 qīdài	期票 qīpiào
篆書		期望 qīwàng	期求 qīqiú
隸書		期限 qīxiàn	期許 qīxǔ
		期報 qībào	期於 qīyú

轉	转	【字音】 zhuǎn ; zhuàn (전) 【字義】 전환하다, 전(달)하다 ; 회전하다, 돌아다니다 【解說】 동사 ; 동사

甲骨		轉變 zhuǎnbiàn	轉化 zhuǎnhuà
金文		轉告 zhuǎngào	轉彎 zhuǎnwān
篆書		轉播 zhuǎnbō	轉移 zhuǎnyí
隸書		轉達 zhuǎndá	轉折 zhuǎnzhé
		轉動 zhuǎndòng	轉動 zhuàndòng

早	早	【字音】 zǎo (조) 【字義】 아침 ; (때가) 이르다, 조기의 ; 이미, 벌써 【解說】 명사 ; 형용사 ; 부사

甲骨		早晨 zǎochén	早點 zǎodiǎn
金文		早飯 zǎofàn	早上 zǎoshang
篆書		早期 zǎoqī	早退 zǎotuì
隸書		早晚 zǎowǎn	早就 zǎojiù
		早日 zǎorì	早已 zǎoyǐ

觀	观	【字音】 guān ; guàn (관) 【字義】 보다, 살피다, 경치, 면모, 인식, 견해, 관점 【解說】 동사, 명사 ; 명사(고대의 누각, 도교 사원)

甲骨		觀察 guānchá	觀光 guānguāng
金文		觀點 guāndiǎn	觀賞 guānshǎng
篆書		觀衆 guānzhòng	觀望 guānwàng
隸書		觀看 guānkàn	觀戰 guānzhàn
		觀念 guānniàn	道觀 dàoguàn

告	告	【字音】 gào (고) 【字義】 알리다, 진술하다, 고발하다, 신청하다, 표명하다 【解說】 동사

甲骨		告訴 gàosu	告別 gàobié
金文		告辭 gàocí	告假 gàojià
篆書		告戒 gàojiè	告警 gàojǐng
隸書		告狀 gàozhuàng	告示 gàoshì
		告白 gàobái	告退 gàotuì

料	料	【字音】liào (요/료) 【字義】예상/짐작하다, 보살피다 ; 재료, 자료, 감/재목 【解說】동사 ; 명사

書體	字形	用例	用例
甲骨		料(不)到 liào(bu)dào	料事 liàoshì
金文		料定 liàodìng	料事如神 liào shì rú shén
篆書		料及 liàojí	料想 liàoxiǎng
隸書	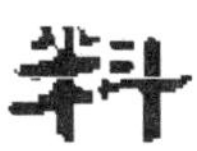	料理 liàolǐ	料子 liàozi
		料器 liàoqì	照料 zhàoliào

海	海	【字音】hǎi (해) 【字義】바다, 큰 호수, 다수의 사람이나 사물 비유 ; 큰 【解說】명사 ; 형용사

書體	字形	用例	用例
甲骨		海關 hǎiguān	海濱 hǎibīn
金文		海洋 hǎiyáng	海峽 hǎixiá
篆書		海拔 hǎibá	海量 hǎiliàng
隸書		海軍 hǎijūn	海闊天空 hǎi kuò tiān kōng
		海岸 hǎi'àn	人山人海 rén shān rén hǎi

滿	满	【字音】 mǎn (만) 【字義】 가득 차다, 온 ; 만족하다, 꽉 채우다 ; 전혀, 아주 【解說】 형용사 ; 동사 ; 부사
甲骨		滿意 mǎnyì 滿足 mǎnzú 滿腔 mǎnqiāng 滿懷 mǎnhuái 滿月 mǎnyuè
金文		滿口 mǎnkǒu 滿面 mǎnmiàn 滿座 mǎnzuò 滿不在乎 mǎn bú zài hu 滿腹經綸 mǎn fù jīng lún
篆書		
隷書		

感	感	【字音】 gǎn (감) 【字義】 느끼다, 감동시키다, 감사하다 ; 정감, 느낌, 생각 【解說】 동사 ; 명사
甲骨		感到 gǎndào 感冒 gǎnmào 感謝 gǎnxiè 感動 gǎndòng 感激 gǎnjī
金文		感覺 gǎnjué 感情 gǎnqíng 感想 gǎnxiǎng 感受 gǎnshòu 感興趣 gǎn xìngqù
篆書		
隷書		

術	术	【字音】shù（술） 【字義】기술, 기교, 방법, 책략, 수단 【解說】명사

甲骨	
金文	
篆書	
隸書	

術策 shùcè	術智 shùzhì
術科 shùkē	魔術 móshù
術士 shùshì	權術 quánshù
術數 shùshù	心術 xīnshù
術語 shùyǔ	不學無術 bù xué wú shù

紅	红	【字音】hóng（홍） 【字義】붉다, 번창하다, 인기 있다 ; 배당(금), 붉은 꽃 【解說】형용사 ; 명사

甲骨	
金文	
篆書	
隸書	

紅茶 hóngchá	紅塵 hóngchén
紅旗 hóngqí	紅綠燈 hónglǜdēng
紅包 hóngbāo	紅顔 hóngyán
紅潮 hóngcháo	紅十字會 Hóngshízìhuì
紅寶石 hóngbǎoshí	走紅 zǒuhóng

誰	谁	【字音】 shéi ; shuí (수) 【字義】 누구, 아무(임의의 어떤 사람) 【解說】 대명사(의문)

甲骨		誰不知(道) shéi bùzhī(dao)	誰人 shéirén
金文		誰何 shéihé	誰是誰非 shéi shì shéi fēi
篆書		誰家 shéijiā	誰誰 shéishéi
隷書		誰料(到) shéi liào(dào)	誰說 shéishuō
		誰叫 shéijiào	誰知(道) shéizhī(dao)

該	该	【字音】 gāi (해) 【字義】 ~해야 한다, ~의 차례다, 당연하다 ; 이, 그, 저 【解說】 동사 ; 대명사('此' '這個'에 상당함)

甲骨		該班 gāibān	該校 gāixiào
金文		該處 gāichù	該帳 gāizhàng
篆書		該當 gāidāng	該着 gāizháo
隷書		該錢 gāiqián	活該 huógāi
		該人 gāirén	應該 yīnggāi

且	且	【字音】qiě (차) 【字義】잠시, 잠깐 ; 또한, ~조차도, ~하면서 ~하다 【解說】부사 ; 접속사

甲骨		且慢 qiěmàn	苟且 gǒuqiě
金文		且說 qiěshuō	姑且 gūqiě
篆書		且夫 qiěfú	尙且 shàngqiě
		且住 qiězhù	暫且 zànqiě
隷書		且走且講 qiě zǒu qiě jiǎng	得過且過 dé guò qiě guò

死	死	【字音】sǐ (사) 【字義】죽다, 버리다 ; 고정되다, 막다르다, 죽도록 ~하다 【解說】동사 ; 형용사

甲骨		死亡 sǐwáng	死活 sǐhuó
金文		死刑 sǐxíng	死力 sǐlì
篆書		死板 sǐbǎn	死傷 sǐshāng
		死地 sǐdì	死罪 sǐzuì
隷書		死守 sǐshǒu	餓死 èsǐ

飛	飞	【字音】 fēi (비) 【字義】 날다, 날리다, 빨리 움직이다 ; 근거 없는 ; 대단히 【解說】 동사 ; 형용사 ; 부사

字體	字形	用例	用例
甲骨		飛機 fēijī	飛舞 fēiwǔ
金文		飛快 fēikuài	飛翔 fēixiáng
篆書		飛行 fēixíng	飛彈 fēidàn
隸書		飛躍 fēiyuè	飛黃騰達 fēi huáng téng dá
		飛船 fēichuán	飛禽走獸 fēi qín zǒu shòu

六	六	【字音】 liù (육) 【字義】 여섯, 육 ; 중국 전통음악의 음계부호의 하나 【解說】 수사 ; 명사

字體	字形	用例	用例
甲骨		六部 liùbù	六經 liùjīng
金文		六朝 Liùcháo	六禮 liùlǐ
篆書		六畜 liùchù	六親 liùqīn
隸書		六腑 liùfǔ	六書 liùshū
		六合 liùhé	六藝 liùyì

馬	马	【字音】mǎ (마) 【字義】말 ; 크다 【解說】명사 ; 형용사	
甲骨		馬上 mǎshàng	馬達 mǎdá
金文		馬虎 mǎhu 馬克 mǎkè	馬力 mǎlì 馬鈴薯 mǎlíngshǔ
篆書		馬路 mǎlù	馬戱(團) mǎxì(tuán)
隸書		馬車 mǎchē	馬到成功 mǎ dào chéng gōng

河	河	【字音】hé (하) 【字義】강, 하천, 은하수, 황하(黃河) 【解說】명사	
甲骨		河流 héliú	河口 hékǒu
金文	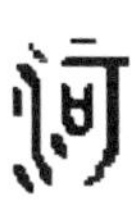	河道 hédào 河川 héchuān	河馬 hémǎ 河淸 héqīng
篆書		河溝 hégōu	河渠 héqú
隸書	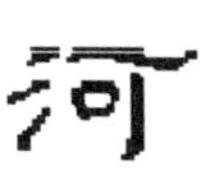	河漢 héhàn	河源 héyuán

找	找	【字音】 zhǎo (조) 【字義】 찾다, 구하다, 거슬러주다, 보충하다 【解說】 동사

甲骨	找病 zhǎobìng	找頭 zhǎotou
金文	找補 zhǎobu	找尋 zhǎoxún
篆書	找錢 zhǎoqián	找轍 zhǎozhé
隸書	找事 zhǎoshì	找痲煩 zhǎo máfan
	找死 zhǎosǐ	尋找 xúnzhǎo

講	讲	【字音】 jiǎng (강) 【字義】 이야기하다, 설명하다, 따지다, 중시하다 【解說】 동사

甲骨	講話 jiǎnghuà	講解 jiǎngjiě
金文	講座 jiǎngzuò	講理 jiǎnglǐ
篆書 	講究 jiǎngjiu	講述 jiǎngshù
隸書 	講課 jiǎngkè	講演 jiǎngyǎn
	講義 jiǎngyì	演講 yǎnjiǎng

油	油	【字音】 yóu (유) 【字義】 기름 ; (페인트 따위를) 칠하다 ; 교활하다 【解說】 명사 ; 동사 ; 형용사 ; 갑골, 금문의 본자 '由'

甲骨		油田 yóutián	油燈 yóudēng
金文		油菜 yóucài	油畫 yóuhuà
篆書		油灰 yóuhuī	油膩 yóunì
隸書		油料 yóuliào	油條 yóutiáo
		油漆 yóuqī	油嘴 yóuzuǐ

場	场	【字音】 chǎng ; cháng (장) 【字義】 장소, 장면, 회, 번, 차례(문예, 오락, 체육 활동) 【解說】 명사, 양사 ; 명사(공터), 양사(한마당, 한바탕)

甲骨	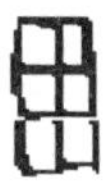	場地 chǎngdì	場景 chǎngjǐng
金文		場合 chǎnghé	牧場 mùchǎng
篆書		場面 chǎngmiàn	全場賽 quán chǎng sài
隸書		場所 chǎngsuǒ	第一場 dìyī chǎng
		場次 chǎngcì	一場風波 yìcháng fēngbō

臉	脸	【字音】 liǎn (검)
		【字義】 얼굴, 표정, 체면, (물체의) 정면
		【解說】 명사

甲骨		臉色 liǎnsè	臉皮 liǎnpí
金文		臉盆 liǎnpén	臉譜 liǎnpǔ
篆書		臉蛋兒 liǎndànr	變臉 biànliǎn
隸書		臉面 liǎnmiàn	丟臉 diūliǎn
		臉盤兒 liǎnpánr	翻臉 fānliǎn

似	似	【字音】 sì (사) ; shì (사)
		【字義】 마치 (~듯하다), 닮다, ~보다 ~(더)하다
		【解說】 부사, 동사, 전치사 ; '(好像)~似的'의 경우

甲骨		似是而非 sì shì ér fēi	似乎 sìhu
金文		似懂非懂 sì dǒng fēi dǒng	好似 hǎosì
篆書		似看非看 sì kàn fēi kàn	酷似 kùsì
隸書		似聽非聽 sì tīng fēi tīng	恰似 qiàsì
		似信非信 sì xìn fēi xìn	似的 shìde

取 取

【字音】qǔ (취)

【字義】취하다, 가지다, 얻다, 받아들이다, 고르다

【解說】동사

甲骨	
金文	
篆書	
隸書	

取得 qǔdé	取捨 qǔshě
取消 qǔxiāo	取勝 qǔshèng
取代 qǔdài	獲取 huòqǔ
取材 qǔcái	錄取 lùqǔ
取長補短 qǔ cháng bǔ duǎn	竊取 qièqǔ

濟 济

【字音】jì ; Jǐ (제)

【字義】건너다, 돕다, 유익하다, 도움 ; 강 이름, 지명

【解說】동사, 명사 ; 명사

甲骨	
金文	
篆書	
隸書	

濟貧 jìpín	無濟於事 wú jì yú shì
濟度 jìdù	同舟共濟 tóng zhōu gòng jì
濟世 jìshì	人才濟濟 réncái jǐjǐ
濟事 jìshì	濟南 Jǐnán
救濟 jiùjì	濟水 Jǐshuǐ

跑	跑	【字音】 pǎo ; páo (포)
		【字義】 달리다, 뛰어다니다, 도망가다, 없어지다
		【解說】 동사 ; 동사(길짐승이 발로 흙을 파헤치다)

甲骨		跑步 pǎobù	跑題 pǎotí
金文		跑道 pǎodào	跑外 pǎowài
篆書		跑電 pǎodiàn	跑鞋 pǎoxié
隸書		跑街 pǎojiē	奔跑 bēnpǎo
		跑碼頭 pǎo mǎtou	逃跑 táopǎo

統	统	【字音】 tǒng (통)
		【字義】 총괄하다, 통솔하다 ; 계통, 사물 간의 관계
		【解說】 동사 ; 명사

甲骨		統一 tǒngyī	統稱 tǒngchēng
金文		統治 tǒngzhì	統攝 tǒngshè
篆書		統計 tǒngjì	統率 tǒngshuài
隸書		統統 tǒngtǒng	統制 tǒngzhì
		統籌 tǒngchóu	血統 xuètǒng

坐 坐

【字音】 zuò (좌)

【字義】 앉다, (교통도구를) 타다, 위치하다 ; 자리(座)

【解說】 동사 ; 명사

甲骨		坐班 zuòbān	坐商 zuòshāng
金文		坐吃山空 zuò chī shān kōng	坐視 zuòshì
篆書		坐井觀天 zuò jǐng guān tiān	坐席 zuòxí
隸書		坐具 zuòjù	坐火車[汽車/地鐵/飛機/船]
		坐立不安 zuò lì bù ān	這座大樓是坐北朝南的。

船 船

【字音】 chuán (선)

【字義】 배, 선박, 우주의 교통도구

【解說】 명사

甲骨		船舶 chuánbó	船戶 chuánhù
金文		船隻 chuánzhī	輪船 lúnchuán
篆書		船埠 chuánbù	帆船 fānchuán
隸書		船艙 chuáncāng	破冰船 pòbīngchuán
		船夫 chuánfū	宇宙飛船 yǔzhòufēichuán

土	土	【字音】tǔ (토) 【字義】흙, 땅, 고국 ; 토착의, 전통의, 촌티 나다 【解說】명사 ; 형용사

書體	字形	단어	단어
甲骨		土地 tǔdì	土産 tǔchǎn
金文		土豆 tǔdòu	(土裏)土氣 (tǔli)tǔqì
篆書		土木 tǔmù	土人 tǔrén
隸書		土壤 tǔrǎng	土音 tǔyīn
		土崩瓦解 tǔ bēng wǎ jiě	土著 tǔzhù

質	质	【字音】zhì (질) 【字義】물질, 본질, 품질 ; 묻다, 저당 잡히다 ; 소박하다 【解說】명사 ; 동사 ; 형용사

書體	字形	단어	단어
甲骨		質量 zhìliàng	質問 zhìwèn
金文		質變 zhìbiàn	質疑 zhìyí
篆書		質朴[樸] zhìpǔ	質疑問難 zhì yí wèn nàn
隸書		質地 zhìdì	實質 shízhì
		質料 zhìliào	文質彬彬 wén zhì bīn bīn

服	服	【字音】 fú (복) 【字義】 옷 ; 복용하다, 복무하다, 승복하다, 적응하다 【解說】 명사 ; 동사
甲骨	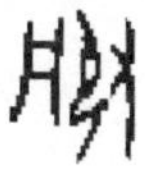	服務(員) fúwù(yuán) / 服刑 fúxíng
金文		服從 fúcóng / 服用 fúyòng
篆書		服氣 fúqì / 歎服 tànfú 服飾 fúshì / 信服 xìnfú
隸書		服裝 fúzhuāng / 不服水土 bù fú shuǐ tǔ

務	务	【字音】 wù (무) 【字義】 일, 업무 ; 종사하다, 꾀하다 ; 꼭, 반드시 【解說】 명사 ; 동사 ; 부사
甲骨		務必 wùbì / 務實 wùshí
金文		務須 wùxū / 務虛 wùxū
篆書		務農 wùnóng / 財務 cáiwù 務求 wùqiú / 公務 gōngwù
隸書		務實力行 wù shí lì xíng / 不務正業 bú wù zhèng yè

啦	啦	【字音】 la (랍/라) 【字義】 '了(le)'와 '啊(a)'의 합음사로 양자의 의미 겸유 【解說】 조사(다양한 어기를 표현함)
甲骨		我們已經吃飯啦! 別再說啦!
金文		他已經不是過去的他啦! 天一下雨，我就不出門啦!
篆書		我有把握啦! 我現在明白他的意見啦!
隸書		下雨啦! 鉛筆啦，紙啦，橡皮啦， 走啦，走啦，不能再等啦! 課本啦，都放在皮包裏。

兒	儿	【字音】 ér (아) 【字義】 아동, 아들, 자녀, 젊은이 ; 兒化韻 '~r' 표시 【解說】 명사 ; 접미사(다양한 문법적 기능을 함)
甲骨		兒子 érzi 吃兒 chīr
金文		兒童 értóng 畫兒 huàr
篆書		兒女 érnǚ 盆兒 pénr
隸書		兒歌 érgē 老家兒 lǎojiār 兒化 érhuà 心眼兒 xīnyǎnr

讓	让	【字音】ràng (양) 【字義】양보하다, 피하다, ~하도록 하다 ; ~에게 ~되다 【解說】동사 ; 전치사

甲骨		讓步 ràngbù	讓座 ràngzuò
金文		讓路 rànglù	謙讓 qiānràng
篆書		讓利 rànglì	請讓開點兒。
隸書		讓位 ràngwèi	行李讓雨給淋了。
		讓棗推梨 ràng zǎo tuī lí	來晚了, 讓你久等了。

夠	够	【字音】gòu (구) 【字義】충분하다, 손이 미치다 ; 질리다 ; 제법, 꽤나 【解說】동사 ; 형용사 ; 부사

甲骨		夠本 gòuběn	夠瞧的 gòuqiáode
金文		夠~的(了) gòu~de(le)	夠受的 gòushòude
篆書		夠格 gòugé	不夠 búgòu
隸書		夠用 gòuyòng	足夠 zúgòu
		夠勁兒 gòujìnr	夠不着 gòubuzháo

淸	清	【字音】 qīng (청) 【字義】 맑다, 분명하다, 청렴하다 ; 청산하다, 점검하다 【解說】 형용사 ; 동사 ; 명사(Qīng : 나라이름)

甲骨		清楚 qīngchu	清醒 qīngxǐng
金文		清晨 qīngchén	清査 qīngchá
篆書		清除 qīngchú	清理 qīnglǐ
隸書		清潔 qīngjié	清新 qīngxīn
		清晰 qīngxī	清早 qīngzǎo

越	越	【字音】 yuè (월) 【字義】 넘다, (음성이) 높아지다 ; 낫다 ; ~하면 할수록 【解說】 동사 ; 형용사 ; 부사 ; 명사(Yuè : 나라이름)

甲骨		越來越 yuèláiyuè	越權 yuèquán
金文		越~越~ yuè~yuè~	越俎代庖 yuè zǔ dài páo
篆書		越冬 yuèdōng	清越 qīngyuè
隸書	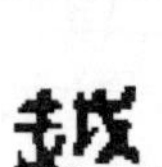	越過 yuèguò	卓越 zhuōyuè/zhuóyuè
		越境 yuèjìng	吳越同舟 Wú Yuè tóng zhōu

與	与	【字音】 yǔ ; yù (여) 【字義】 ~와, ~와 함께, 주다, 베풀다 ; 참가/참여하다 【解說】 접속사, 전치사, 동사 ; 동사

甲骨		與其 yǔqí	戰爭與和平
金文		與虎謀皮 yǔ hǔ móu pí	與疾病作鬪爭
篆書		與人爲善 yǔ rén wéi shàn	與會 yùhuì
隸書		與日俱增 yǔ rì jù zēng	與[預]聞 yùwén
		與世長辭 yǔ shì cháng cí	參與 cānyù

基	基	【字音】 jī (기) 【字義】 기초, 토대, 터 ; 기초적인, 근본적인 【解說】 명사 ; 형용사

甲骨		基本 jīběn	基金 jījīn
金文		基礎 jīchǔ	基點 jīdiǎn
篆書		基層 jīcéng	基調 jīdiào
隸書		基地 jīdì	基因 jīyīn
		基督(教) jīdū(jiào)	基準 jīzhǔn

組	组	【字音】 zǔ (조) 【字義】 짜다, 조직하다 ; 조, 그룹 ; 조, 벌, 세트 【解說】 동사 ; 명사 ; 양사

甲骨		組織 zǔzhī	組曲 zǔqǔ
金文		組合 zǔhé	組詩 zǔshī
篆書		組成 zǔchéng	小組 xiǎozǔ
隸書		組歌 zǔgē	編組 biānzǔ
		組閣 zǔgé	改組 gǎizǔ

神	神	【字音】 shén (신) 【字義】 (귀)신, 정신, 표정 ; 신기하다, 총명하다 【解說】 명사 ; 형용사

甲骨		神經 shénjīng	神聖 shénshèng
金文		神話 shénhuà	神奇 shénqí
篆書		神祕 shénmì	神色 shénsè
隸書		神氣 shénqi	留神 liúshén
		神情 shénqíng	眼神 yǎnshén

爺	爷	【字音】 yé (야) 【字義】 할아버지, 아버지, 영감님, 어르신, 나리 ; 나 【解說】 명사 ; 대명사

甲骨		
金文		
篆書		
隸書		

爺爺 yéye	大爺 dàye
爺娘 yéniáng	老爺 lǎoye
爺兒 yér	少爺 shàoye
爺兒們 yérmen	老天爺 lǎotiānyé
爺們兒 yémenr	閻王爺 Yánwángyé

照	照	【字音】 zhào (조) 【字義】 비추다, 촬영하다, 돌보다, 대조하다 ; 사진, 면허증 【解說】 동사 ; 명사 ; 부사(~대로) ; 전치사(~에 의해서)

甲骨	
金文	
篆書	
隸書	

照顧 zhàogu	(照)相機 (zhào)xiàngjī
照相 zhàoxiàng	照樣 zhàoyàng
照常 zhàocháng	對照 duìzhào
照片 zhàopiàn	護照 hùzhào
照例 zhàolì	執照 zhízhào

極 极

【字音】 jí (극)

【字義】 정점, 극 ; 극에 달하다 ; 극도의 ; (지)극히

【解說】 명사 ; 동사 ; 형용사 ; 부사

甲骨		極地 jídì	極限 jíxiàn
金文		極點 jídiǎn	極其 jíqí
篆書		極端 jíduān	極爲 jíwéi
隸書		極度 jídù	~極了 ~jí le
		極力 jílì	樂極生悲 lè jí shēng bēi

爸 爸

【字音】 bà (파)

【字義】 아빠, 아버지, 부친

【解說】 명사(구어)

甲骨		爸爸 bàba	
金文		爸媽 bàmā	
篆書		阿爸 ābà	
隸書		老爸 lǎobà	
		後爸 hòubà	

靑	青	【字音】qīng (청) 【字義】청년 ; 젊다, 푸르다, 진녹색의, 검다 【解說】명사 ; 형용사

甲骨		靑年 qīngnián	靑出於藍 qīng chū yú lán
金文		靑春 qīngchūn	靑紅皁白 qīng hóng zào bái
篆書		靑菜 qīngcài	靑黃不接 qīng huáng bù jiē
隸書		靑天 qīngtiān	靑梅竹馬 qīng méi zhú mǎ
		靑蛙 qīngwā	靑天霹靂 qīngtiān pīlì

團	团	【字音】tuán (단) 【字義】단체, 덩어리, 조직 ; 모이다, 뭉치다 ; 둥글다 【解說】명사 ; 동사 ; 형용사 ; 양사(덩어리를 세는 단위)

甲骨		團隊 tuánduì	團聚 tuánjù
金文		團體 tuántǐ	團圓 tuányuán
篆書		團員 tuányuán	團團 tuántuán
隸書		團長 tuánzhǎng	一團棉花 yì tuán miánhua
		團結 tuánjié	一團混亂 yì tuán hùnluàn

七	七	【字音】 qī（칠） 【字義】 일곱, 칠 ; 칠칠재(七七齋 : 사십구일재) 【解說】 수사 ; 명사

甲骨		七嘴八舌 qī zuǐ bā shé	七平八穩 qī píng bā wěn
金文		七步之才 qī bù zhī cái	七竅生煙 qī qiào shēng yān
篆書		七顚八倒 qī diān bā dǎo	七擒七縱 qī qín qī zòng
		七老八十 qī lǎo bā shí	七上八下 qī shàng bā xià
隸書		七零八落 qī líng bā luò	亂七八糟 luàn qī bā zāo

品	品	【字音】 pǐn（품） 【字義】 물품, 등급, 품종, 품위 ; 맛보다, 품평하다 【解說】 명사 ; 동사

甲骨	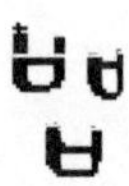	品德 pǐndé	品目 pǐnmù
金文		品格 pǐngé	品質 pǐnzhì
篆書		品位 pǐnwèi	品種 pǐnzhǒng
		品行 pǐnxíng	品嘗 pǐncháng
隸書		品性 pǐnxìng	品評 pǐnpíng

整 整

【字音】zhěng (정)

【字義】온전하다, 정연하다, 정수의 ; 정리하다, 수리하다

【解說】형용사 ; 동사

書體	
甲骨	
金文	
篆書	
隸書	

整齊 zhěngqí	整個 zhěngfgè
整潔 zhěngjié	整體 zhěngtǐ
整理 zhěnglǐ	整天 zhěngtiān
整頓 zhěngdùn	整整 zhěngzhěng
整風 zhěngfēng	六點整　　一千元整

倒 倒

【字音】dǎo ; dào (도)

【字義】넘어지다, 도산하다 ; 오히려, 거꾸로 되다, 쏟다

【解說】동사 ; 부사, 형용사, 동사

書體	
甲骨	
金文	
篆書	
隸書	

倒霉 dǎoméi	不倒翁 bùdǎowēng
倒騰 dǎoteng	倒是 dàoshi
倒閉 dǎobì	倒退 dàotuì
顚倒 diāndǎo	倒茶 dàochá
顚三倒四 diān sān dǎo sì	本末倒置 běn mò dào zhì

確	确	【字音】 què (확) 【字義】 확실하다, 확고하다, 진실하다, 사실이다 【解說】 형용사

甲骨		確實 quèshí	確認 quèrèn
金文		確定 quèdìng	確信 quèxìn
篆書	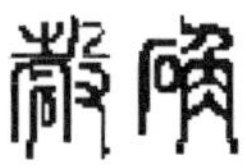	確保 quèbǎo	確鑿 quèzáo
		確立 quèlì	確證 quèzhèng
隸書		確切 quèqiè	千眞萬確 qiān zhēn wàn què

錢	钱	【字音】 qián (전) 【字義】 돈, 화폐, 값, 금액, 재산 ; 돈(1兩의 1/10) 【解說】 명사 ; 양사(무게의 단위)

甲骨		錢包 qiánbāo	錢票 qiánpiào
金文		錢幣 qiánbì	零錢 língqián
篆書		錢財 qiáncái	車錢 chēqián
		錢穀 qiángǔ	銅錢 tóngqián
隸書		錢糧 qiánliáng	紙錢 zhǐqián

影	影	【字音】 yǐng (영)
		【字義】 그림자, 영상, 희미한 형상, 사진, 영화 ; 복사하다
		【解說】 명사 ; 동사 ; 본자는 '景'

甲骨		影響 yǐngxiǎng	影片 yǐngpiàn
金文		影子 yǐngzi	影視 yǐngshì
		影子內閣 yǐngzi nèigé	影戲 yǐngxì
篆書		影碟 yǐngdié	攝影 shèyǐng
隸書		影迷 yǐngmí	杯弓蛇影 bēi gōng shé yǐng

保	保	【字音】 bǎo (보)
		【字義】 보호하다, 보장하다, 유지하다, 보증하다 ; 보증인
		【解說】 동사 ; 명사

甲骨		保持 bǎochí	保證 bǎozhèng
金文		保存 bǎocún	保管 bǎoguǎn
		保護 bǎohù	保密 bǎomì
篆書		保留 bǎoliú	保守 bǎoshǒu
隸書		保衛 bǎowèi	保險 bǎoxiǎn

樹	树	【字音】 shù (수) 【字義】 나무, 수목 ; 심다, 키우다, 수립/건립하다 【解說】 명사 ; 동사

甲骨		樹林 shùlín	柏樹 bǎishù
金文		樹立 shùlì	槐樹 huáishù
篆書		樹木 shùmù	松樹 sōngshù
		樹幹 shùgàn	楊樹 yángshù
隸書		樹大招風 shù dà zhāo fēng	十年樹木，百年樹人。

勞	劳	【字音】 láo (노/로) 【字義】 일하다, 위로하다, 폐 끼치다 ; 피로하다 ; 공로 【解說】 동사 ; 형용사 ; 명사

甲骨		勞動 láodòng	功勞 gōngláo
金文		勞駕 láojià	慰勞 wèiláo
篆書		勞心 láoxīn	不勞而獲 bù láo ér huò
		勞而無功 láo ér wú gōng	犬馬之勞 quǎn mǎ zhī láo
隸書		勞苦功高 láo kǔ gōng gāo	徒勞無功 tú láo wú gōng

塊	块	【字音】 kuài (괴) 【字義】 덩이, 덩어리 ; 조각, 중국의 화폐 단위(元/圓) 【解說】 명사 ; 양사(조각이나 납작한 물건을 세는 단위)
甲骨		塊根 kuàigēn	一塊玻璃 yí kuài bōli
金文		塊然 kuàirán	一塊肥皂 yí kuài féizào
篆書		糖塊 tángkuài	一塊毛巾 yí kuài máojīn
隸書		土塊 tǔkuài	一塊手錶 yí kuài shǒubiǎo
		團塊 tuánkuài	一百塊錢 yìbǎi kuài qián

準	准	【字音】 zhǔn (준) 【字義】 표준 ; 정확하다 ; 의거하다 ; 꼭 ; 허락하다(准) 【解說】 명사 ; 형용사 ; 전치사 ; 부사 ; 동사
甲骨		準備 zhǔnbèi	準保 zhǔnbǎo
金文		準確 zhǔnquè	標準 biāozhǔn
篆書		準時 zhǔnshí	水準 shuǐzhǔn
隸書		準許 zhǔnxǔ	批准 pīzhǔn
		準則 zhǔnzé	不准遲到 bùzhǔn chídào

夜	夜	【字音】 yè (야) 【字義】 밤 ; 밤이 되다, 날이 어두워지다 【解說】 명사 ; 형용사
甲骨		夜裏 yèli / 夜不閉戶 yè bú bì hù
金文		夜晚 yèwǎn / 夜車 yèchē
篆書		夜間 yèjian / 夜市 yèshì
隸書		夜班 yèbān / 夜以繼日 yè yǐ jì rì
		夜半 yèbàn / 晝夜 zhòuyè

輕	轻	【字音】 qīng (경) 【字義】 가볍다, 어리다, 부담이 적다, 경솔하다 ; 경시하다 【解說】 형용사 ; 동사
甲骨		輕鬆 qīngsōng / 輕微 qīngwēi
金文		輕視 qīngshì / 輕舉妄動 qīng jǔ wàng dòng
篆書		輕易 qīngyi / 輕率 qīngshuài
隸書		輕便 qīngbiàn / 輕重 qīngzhòng
		輕快 qīngkuài / 輕利重義 qīng lì zhòng yì

千 千

【字音】qiān (천)

【字義】천, 매우 많다(비유)

【解說】수사

甲骨		千萬 qiānwàn	千慮一失 qiān lǜ yì shī
金文		千克 qiānkè	千篇一律 qiān piān yí lǜ
篆書		千瓦(特) qiānwǎ(tè)	千方百計 qiān fāng bǎi jì
		千秋 qiānqiū	千奇百怪 qiān qí bǎi guài
隸書		千里鵝毛 qiān lǐ é máo	千載一時 qiān zǎi yì shí

目 目

【字音】mù (목)

【字義】눈, 조목, 목록, 명칭, 목(생물분류학), 집(바둑)

【解說】명사

甲骨		目前 mùqián	目中無人 mù zhōng wú rén
金文		目標 mùbiāo	目不忍睹 mù bù rěn dǔ
篆書		目光 mùguāng	目不識丁 mù bù shí dīng
		目睹 mùdǔ	節目 jiémù
隸書		目錄 mùlù	項目 xiàngmù

字	字	【字音】 zì (자) 【字義】 문자, 글자, 글씨체, 어휘, 낱말, 자(본명 대신) 【解說】 명사

甲骨	
金文	
篆書	
隸書	

字典 zìdiǎn	字眼 zìyǎn
字母 zìmǔ	字樣 zìyàng
字體 zìtǐ	字義 zìyì
字形 zìxíng	字音 zìyīn
字裏行間 zì lǐ háng jiān	漢字 Hànzì

名	名	【字音】 míng (명) 【字義】 이름, 명성 ; 유명한 ; 명 【解說】 명사 ; 형용사 ; 양(사람을 세는 단위)

甲骨	
金文	
篆書	
隸書	

名字 míngzi	名牌 míngpái
名稱 míngchēng	名人 míngrén
名次 míngcì	名聲 míngshēng
名單 míngdān	名勝 míngshèng
名額 míng'é	名譽 míngyù

求	求	【字音】qiú（구）
		【字義】요청하다, 요구하다, 추구하다 ; 요구, 필요
		【解說】동사 ; 명사

甲骨		求和 qiúhé	求學 qiúxué
金文		求婚 qiúhūn	追求 zhuīqiú
篆書		求教 qiújiào	謀求 móuqiú
		求同存異 qiú tóng cún yì	尋求 xúnqiú
隸書		求之不得 qiú zhī bù dé	實事求是 shí shì qiú shì

緊	紧	【字音】jǐn（긴）
		【字義】팽팽하다, 단단하다, 긴박하다 ; 죄다, 다그치다
		【解說】형용사 ; 동사

甲骨		緊張 jǐnzhāng	緊縮 jǐnsuō
金文		緊急 jǐnjí	緊湊 jǐncòu
		緊鑼密鼓 jǐn luó mì gǔ	緊要 jǐnyào
篆書		緊密 jǐnmì	緊着 jǐnzhe
隸書		緊迫 jǐnpò	抓緊 zhuājǐn

片	片	【字音】 piàn（편） 【字義】 단편적인, 단순하다 ; 평평하고 얇은 조각, 영화 【解說】 형용사 ; 명사 ; 양사(조각, 지면, 풍경, 마음 등)

甲骨		片面 piànmiàn	卡片 kǎpiàn
金文		片刻 piànkè	相片 xiàngpiàn
篆書		片段 piànduàn	一片草地 yí piàn cǎodì
		片言隻語 piàn yán zhī yǔ	一片紅葉 yí piàn hóngyè
隸書		片紙隻字 piàn zhǐ zhī zì	一片眞心 yí piàn zhēnxīn

近	近	【字音】 jìn（근） 【字義】（거리, 관계가）가깝다, 친하다 ; 접근하다 【解說】 형용사 ; 동사

甲骨		近來 jìnlái	近郊 jìnjiāo
金文		近代 jìndài	近況 jìnkuàng
篆書		近期 jìnqī	近親 jìnqīn
		近視 jìnshì	親近 qīnjìn
隸書		近似 jìnsì	近朱者赤, 近墨者黑。

剛	刚	【字音】gāng（강）
		【字義】막, 방금, 마침, 겨우 ; 단단하다, 완강하다
		【解說】부사 ; 형용사

甲骨		剛才 gāngcái	剛烈 gānglìè
金文		剛剛 gānggang	剛強 gāngqiáng
篆書		剛好 gānghǎo	剛巧 gāngqiǎo
		剛健 gāngjiàn	剛毅 gāngyì
隷書		剛勁 gāngjìng	剛直 gāngzhí

程	程	【字音】chéng（정）
		【字義】규정, 과정, 여정, 거리 ; 헤아리다(문언)
		【解說】명사 ; 동사

甲骨		程度 chéngdù	登程 dēngchéng
金文		程序 chéngxù	啓程 qǐchéng
		程式 chéngshì	前程 qiánchéng
篆書		課程 kèchéng	專程 zhuānchéng
隷書		章程 zhāngchéng	鵬程萬里 péng chéng wàn lǐ

習	习	【字音】 xí (습) 【字義】 배우다, 익히다, 익숙하다 ; 습관 ; 늘, 항상 【解說】 동사 ; 명사 ; 부사

甲骨		習慣 xíguàn	習性 xíxìng
金文		習俗 xísú	習習 xíxí
篆書		習尙 xíshàng	習非成是 xí fēi chéng shì
隸書		習題 xítí	習與性成 xí yǔ xìng chéng
		習作 xízuò	復習 fùxí

歷	历	【字音】 lì (역/력) 【字義】 지나다, 겪다 ; 앞의, 과거의 ; 두루, 하나하나 【解說】 동사 ; 형용사 ; 부사

甲骨		歷史 lìshǐ	歷歷 lìlì
金文		歷年 lìnián	歷任 lìrèn
篆書		歷代 lìdài	歷數 lìshǔ
隸書		歷來 lìiái	來歷 láilì
		歷程 lìchéng	履歷 lǚlì

深	深	【字音】 shēn（심）
		【字義】 깊다, 짙다, 어렵다, 두텁다, 오래되다 ; 아주, 깊이
		【解說】 형용사 ; 부사 ; 명사(깊이, 심도)

甲骨		深厚 shēnhòu	深奧 shēn'ào
金文		深刻 shēnkè	深化 shēnhuà
篆書		深入 shēnrù	深淺 shēnqiǎn
		深度 shēndù	深情 shēnqíng
隸書		深夜 shēnyè	深遠 shēnyuǎn

入	入	【字音】 rù（입）
		【字義】 들어가다/오다, 가입하다, 합치하다 ; 수입
		【解說】 동사 ; 명사

甲骨		入境 rùjìng	入木三分 rù mù sān fēn
金文		入口 rùkǒu	入情入理 rù qíng rù lǐ
		入侵 rùqīn	入國問禁 rù guó wèn jìn
篆書		入手 rùshǒu	入鄉隨俗 rù xiāng suí sú
隸書		入學 rùxué	出神入化 chū shén rù huà

容 容

【字音】 róng (용)

【字義】 수용하다, 포용하다, 허용하다 ; 표정, 용모, 상태

【解說】 동사 ; 명사

甲骨		容易 róngyì	容納 róngnà
金文		容器 róngqì	容忍 róngrěn
篆書		容許 róngxǔ	容貌 róngmào
隸書		容積 róngjī	包容 bāoróng
		容量 róngliàng	寬容 kuānróng

史 史

【字音】 shǐ (사)

【字義】 역사, (역)사학, 사관

【解說】 명사

甲骨		史料 shǐliào	史前 shǐqián
金文		史部 shǐbù	史詩 shǐshī
篆書		史官 shǐguān	史實 shǐshí
隸書		史籍 shǐjí	史無前例 shǐ wú qián lì
		史蹟 shǐjì	(歷)史學 (lì)shǐxué

怕 怕

【字音】pà (파)

【字義】두려워하다, 근심하다, ~에 약하다 ; 아마, 혹시

【解說】동사 ; 부사

甲骨

金文

篆書 

隸書 

怕人 pàrén	恐怕 kǒngpà
怕生 pàshēng	不怕官，只怕管。
怕事 pàshì	不怕慢，只怕站。
怕羞 pàxiū	天不怕，地不怕。
怕鬼有鬼 pà guǐ yǒu guǐ	天下無難事，只怕有心人。

病 病

【字音】bìng (병)

【字義】병, 질병, 결점, 결함 ; 병나다, 앓다

【解說】명사 ; 동사

甲骨

金文

篆書 

隸書 

病牀 bìngchuáng	病毒 bìngdú
病房 bìngfáng	病菌 bìngjūn
病人 bìngrén	毛病 máobìng
病號 bìnghào	語病 yǔbìng
病情 bìngqíng	無病呻吟 wú bìng shēn yīn

器 器

【字音】qì（기）

【字義】그릇, 기관, 도량(度量), 재능, 인물 ; 신임하다

【解說】명사 ; 동사(문언)

甲骨		器材 qìcái	器物 qìwù
金文		器官 qìguān	器樂 qìyuè
篆書		器具 qìjù	武器 wǔqì
隸書		器械 qìxiè	大器晚成 dà qì wǎn chéng
		器量 qìliàng	玉不琢，不成器。

離 离

【字音】lí（이/리）

【字義】떠나다, 갈라지다, 결핍하다, 없다 ; ~로부터

【解說】동사 ; 전치사

甲骨		離開 líkāi	離叛 lípàn
金文		離婚 líhūn	離散 lísàn
篆書		離別 líbié	離心 líxīn
隸書		離休 líxiū	這個任務離了你不行。
		離合 líhé	我家離學校不遠。

底	底	【字音】 dǐ (저) 【字義】 바닥, 내막, 초고, 토대, 바탕, (年, 月의) 말/끝 【解說】 명사

甲骨		底下 dǐxia	海底 hǎidǐ
金文		底片 dǐpiàn	年底 niándǐ
篆書		底本 dǐběn	鞋底 xiédǐ
隸書		底稿 dǐgǎo	井底之蛙 jǐng dǐ zhī wā
		底細 dǐxì	眼底無人 yǎn dǐ wú rén

收	收	【字音】 shōu (수) 【字義】 받다, 거두다, 얻다, 수확하다, 끝맺다, 구금하다 【解說】 동사

甲骨		收拾 shōushi	收縮 shōusuō
金文		收獲[穫] shōuhuò	收藏 shōucáng
篆書		收入 shōurù	收復 shōufù
隸書	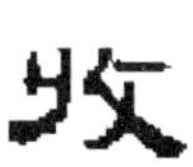	收割 shōugē	收買 shōumǎi
		收集 shōují	徵收 zhēngshōu

錯	错	【字音】cuò (착) 【字義】뒤섞여 복잡하다, 엇갈리다 ; 나쁘다 ; 착오, 잘못 【解說】동사 ; 형용사 ; 명사

甲骨		錯誤 cuòwù	錯覺 cuòjué
金文		錯字 cuòzì	錯亂 cuòluàn
篆書		錯處 cuòchù	錯雜 cuòzá
隸書		錯怪 cuòguài	錯綜複雜 cuò zōng fù zá
		錯過 cuòguò	差錯 chācuò

米	米	【字音】mǐ (미) 【字義】쌀, 알곡 ; 미터(meter) 【解說】명사 ; 양사(길이의 단위)

甲骨		米飯 mǐfàn	米線 mǐxiàn
金文		米粉 mǐfěn	糯米 nuòmǐ
篆書		米酒 mǐjiǔ	玉米 yùmǐ
隸書		米糠 mǐkāng	柴米油鹽 chái mǐ yóu yán
		米麵 mǐmiàn	釐米 límǐ

張 张

【字音】 zhāng (장)

【字義】 열다, 펼치다, 꾸미다, 확대하다, 오만하다 ; 장

【解說】 동사 ; 형용사 ; 양사(종이, 가죽 등을 세는 단위)

甲骨

金文

篆書 

隸書 

張望 zhāngwàng	張三李四 Zhāng sān Lǐ sì
張本 zhāngběn	張牙舞爪 zhāng yá wǔ zhǎo
張皇 zhānghuáng	擴張 kuòzhāng
張開 zhāngkāi	誇張 kuāzhāng
張狂 zhāngkuáng	虛張聲勢 xū zhāng shēng shì

備 备

【字音】 bèi (비)

【字義】 갖추다 ; 준비하다, 방비하다 ; 설비 ; 빈틈없이

【解說】 형용사 ; 동사 ; 명사 ; 부사

甲骨 

金文 

篆書 

隸書 

備用 bèiyòng	備戰 bèizhàn
備辦 bèibàn	備受 bèishòu
備考 bèikǎo	備至 bèizhì
備課 bèikè	預備 yùbèi
備品 bèipǐn	有備無患 yǒu bèi wú huàn

至	至	【字音】zhì (지) 【字義】이르다, 도달하다 ; 가장 좋은 ; 지극히 ; 극점 【解說】동사 ; 형용사 ; 부사 ; 명사

甲骨		至今 zhìjīn	至高無上 zhì gāo wú shàng
金文		至少 zhìshǎo	至極 zhìjí
篆書		至於 zhìyú	至理名言 zhì lǐ míng yán
		至多 zhìduō	至親 zhìqīn
隷書		至誠 zhìchéng	夏至 xiàzhì

響	响	【字音】xiǎng (향) 【字義】소리, 울림, 반향 ; 울리다 ; 소리가 크다 【解說】명사 ; 동사 ; 형용사

甲骨		響應 xiǎngyìng	響起 xiǎngqǐ
金文		響亮 xiǎngliàng	響晴 xiǎngqíng
		響聲 xiǎngshēng	響音 xiǎngyīn
篆書		響徹 xiǎngchè	反響 fǎnxiǎng
隷書		響動 xiǎngdòng	影響 yǐngxiǎng

裝 装

【字音】 zhuāng (장)

【字義】 치장하다, 가장하다, 담다, 설치하다 ; 복장, 포장

【解說】 동사 ; 명사

甲骨	
金文	
篆書	
隸書	

裝備 zhuāngbèi	裝扮 zhuāngbàn
裝飾 zhuāngshì	裝潢 zhuānghuáng
裝置 zhuāngzhì	裝模作樣 zhuāng mú zuò yàng
裝配 zhuāngpèi	假裝 jiǎzhuāng
裝卸 zhuāngxiè	時裝 shízhuāng

席 席

【字音】 xí (석)

【字義】 자리, 좌석, 연회(석), (국회의) 의석 ; 상, 차례

【解說】 명사 ; 양사(연회석, 대화/담화 등을 세는 단위)

甲骨	
金文	
篆書	
隸書	

席位 xíwèi	宴席 yànxí
席次 xícì	酒席 jiǔxí
席捲 xíjuǎn	涼席 liángxí
席不暇暖 xí bù xiá nuǎn	入席 rùxí
席捲天下 xí juǎn tiān xià	軟席 ruǎnxí

包	包	【字音】 bāo (포) 【字義】 싸다, 포위하다, 포함하다, 도맡다 ; 보따리, 가방 【解說】 동사 ; 명사

甲骨		包括 bāokuò	包裹 bāoguǒ
金文		包袱 bāofu 包含 bāohán	包裝 bāozhuāng 包子 bāozi
篆書		包圍 bāowéi	包藏禍心 bāo cáng huò xīn
隸書		包辦 bāobàn	包羅萬象 bāo luó wàn xiàng

黑	黑	【字音】 hēi (흑) 【字義】 검다, 어둡다, 나쁘다, 불법의 ; 밤, 야간 【解說】 형용사 ; 명사

甲骨		黑板 hēibǎn	黑名單 hēimíngdān
金文		黑暗 hēi'àn 黑夜 hēiyè	黑幕 hēimù 黑錢 hēiqián
篆書		黑白 hēibái	黑社會 hēishèhuì
隸書		黑洞 hēidòng	黑心 hēixīn

鐵	铁	【字音】 tiě (철) 【字義】 쇠 ; 단단하다, 확고부동하다, 냉혹하다, 정예의 【解說】 명사 ; 형용사

甲骨		鐵路 tiělù	鐵軌 tiěguǐ
金文		鐵道 tiědào	鐵定 tiědìng
篆書		鐵飯碗 tiěfànwǎn	鐵人[漢] tiěrén/tiěhàn
		鐵案如山 tiě àn rú shān	鐵面無私 tiě miàn wú sī
隸書		鐵杵磨成針 tiě chǔ mó chéng zhēn	鐵石心腸 tiě shí xīn cháng

房	房	【字音】 fáng (방) 【字義】 방, 집, 주택, 가옥, 건물 【解說】 명사

甲骨		房間 fángjiān	廚房 chúfáng
金文		房門 fángmén	樓房 lóufáng
		房子 fángzi	平房 píngfáng
篆書		房屋 fángwū	書房 shūfáng
隸書		房租 fángzū	臥房 wòfáng

類	类	【字音】lèi (유/류)
		【字義】종류, 부류, 등급 ; 비슷하다, 유사하다, ~같다
		【解說】명사 ; 동사

甲骨		類似 lèisì	類人猿 lèirényuán
金文		類型 lèixíng	類推 lèituī
篆書		類比 lèibǐ	分類 fēnlèi
隸書		類別 lèibié	同類相從 tóng lèi xiāng cóng
		類乎 lèihu	畫虎類狗 huà hǔ lèi gǒu

村	村	【字音】cūn (촌)
		【字義】마을, 촌락 ; 거칠다, 촌스럽다
		【解說】명사 ; 형용사 ; '邨'과 동자

甲骨		村莊 cūnzhuāng	村長 cūnzhǎng
金文		村子 cūnzi	村鎮 cūnzhèn
篆書		村姑 cūngū	村野 cūnyě
隸書		村話 cūnhuà	農村 nóngcūn
		村落 cūnluò	鄉村 xiāngcūn

驗	验	【字音】 yàn (험) 【字義】 검증하다, 검사하다, 영험하다 ; 효험, 효과 【解說】 동사 ; 명사

甲骨		驗收 yànshōu	試驗 shìyàn
金文		驗證 yànzhèng	檢驗 jiǎnyàn
篆書		驗關 yànguān	考驗 kǎoyàn
隸書		驗屍 yànshī	靈驗 língyàn
		驗算 yànsuàn	效驗 xiàoyàn

據	据	【字音】 jù (거) 【字義】 점거/점유하다, 의지하다 ; ~에 따르면 ; 증거 【解說】 동사 ; 전치사 ; 명사

甲骨		據說 jùshuō	據我所知 jù wǒ suǒ zhī
金文		據點 jùdiǎn	數據 shùjù
篆書		據悉 jùxī	證據 zhèngjù
隸書		據守 jùshǒu	割據 gējù
		據聞 jùwén	占據 zhànjù

集	集	【字音】 jí (집) 【字義】 모이다, 모으다 ; 문집, 농촌이나 소도시 정기시장 【解說】 동사 ; 명사

甲骨	
金文	
篆書	
隸書	

集合 jíhé	集市 jíshì
集團 jítuán	集郵 jíyóu
集中 jízhōng	集資 jízī
集體 jítǐ	集大成 jídàchéng
集會 jíhuì	選集 xuǎnjí

屋	屋	【字音】 wū (옥) 【字義】 방, 거실, 집, 가옥 【解說】 명사

甲骨	
金文	
篆書	
隸書	

屋子 wūzi	屋宇 wūyǔ
屋頂 wūdǐng	愛屋及烏 ài wū jí wū
屋脊 wūjǐ	裏屋 lǐwū
屋上加屋 wū shàng jiā wū	堂屋 tángwū
屋檐 wūyán	外屋 wàiwū

布	布	【字音】 bù (포) 【字義】 천, 베 ; 선포하다, 퍼뜨리다, 배치하다, 베풀다 【解說】 명사 ; 동사

甲骨		布帛 bùbó	布告 bùgào
金文		布局 bùjú	宣布 xuānbù
篆書		布置 bùzhì	公布 gōngbù
隸書		布丁 bùdīng	散布 sànbù
		布衣之交 bù yī zhī jiāo	施仁布德 shī rén bù dé

較	较	【字音】 jiào (교) 【字義】 비교하다 ; 비교적 ; 뚜렷하다(문언) ; ~보다 【解說】 동사 ; 부사 ; 형용사 ; 전치사

甲骨		較量 jiàoliàng	較爲 jiàowéi
金文		較比 jiàobǐ	較眞 jiàozhēn
篆書		較短比長 jiào duǎn bǐ cháng	計較 jìjiào
隸書	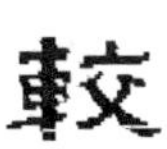	較勁 jiàojìn	彰明較著 zhāng míng jiào zhù
		較然著明 jiào rán zhù míng	錙銖必較 zī zhū bì jiào

交	交	【字音】 jiāo （교） 【字義】 교부하다, 교제하다, 교차하다 ; 서로, 일제히 【解說】 동사 ; 부사 ; 명사(시점, 친분, 우의)

甲骨		交換 jiāohuàn	交談 jiāotán
金文		交際 jiāojì	交易 jiāoyì
篆書		交流 jiāoliú	交涉 jiāoshè
		交通 jiāotōng	交替 jiāotì
隸書		交代 jiāodài	(驚喜)交集 (jīngxǐ)jiāojí

具	具	【字音】 jù （구） 【字義】 갖추다, 가지다, 구비하다 ; 기구, 용구, 도구 【解說】 동사 ; 명사

甲骨		具備 jùbèi	具文 jùwén
金文		具體 jùtǐ	餐具 cānjù
		具有 jùyǒu	玩具 wánjù
篆書		具名 jùmíng	文具 wénjù
隸書		具體而微 jù tǐ ér wēi	別具一格 bié jù yì gé

斷	断	【字音】duàn (단)
		【字義】끊다, 차단하다, 단정하다 ; 절대로, 결단코
		【解說】동사 ; 부사

書體	字形	단어	단어
甲骨		斷定 duàndìng	斷念 duànniàn
金文		斷斷續續 duànduànxùxù	斷片 duànpiàn
篆書		斷絶 duànjué	斷然 duànrán
隸書		斷代 duàndài	斷言 duànyán
		斷交 duànjiāo	斷種 duànzhǒng

草	草	【字音】cǎo (초)
		【字義】풀, 민간, 초고, 초서 ; 갈겨쓰다, 초안을 잡다
		【解說】명사 ; 동사 ; 형용사(거칠다, 조잡하다)

書體	字形	단어	단어
甲骨		草地 cǎodì	草莓 cǎoméi
金文		草原 cǎoyuán	草書 cǎoshū
篆書		草案 cǎo'àn	草野 cǎoyě
隸書		草率 cǎoshuài	草澤 cǎozé
		草稿 cǎogǎo	寸草春暉 cùn cǎo chūn huī

規	规	【字音】 guī (규) 【字義】 규범, 규칙, 컴퍼스 ; 계획/기획하다, 권유하다 【解說】 명사 ; 동사
甲骨		規定 guīdìng / 規範 guīfàn
金文		規律 guīlǜ / 規格 guīgé
篆書		規模 guīmó / 規章 guīzhāng
隸書		規矩 guīju / 規劃 guīhuà 規則 guīzé / 圓規 yuánguī

勝	胜	【字音】 shèng (승) 【字義】 이기다, 낫다, 능히 감당하다 ; (경치가) 아름답다 【解說】 동사 ; 형용사 ; 부사(모두) ; 명사(빼어난 경지)
甲骨		勝利 shènglì / 勝於 shèngyú
金文		勝地 shèngdì / 不勝 búshèng
篆書		勝任 shèngrèn / 得勝 déshèng
隸書		勝訴 shèngsù / 不勝枚擧 bú shèng méi jǔ 勝算 shèngsuàn / 引人入勝 yǐn rén rù shèng

晚 晚

【字音】 wǎn (만)

【字義】 저녁, 밤, 황혼, 노년 ; 늦다, 나중의

【解說】 명사 ; 형용사

甲骨	
金文	
篆書	
隸書	

晚飯 wǎnfàn

晚會 wǎnhuì

晚上 wǎnshang

晚報 wǎnbào

晚餐 wǎncān

晚年 wǎnnián

晚安 wǎn'ān

晚輩 wǎnbèi

晚期 wǎnqī

相知恨晚 xiāng zhī hèn wǎn

南 南

【字音】 nán (남)

【字義】 남, 남쪽, 남방(중국의 長江 유역과 그 남부지역)

【解說】 명사

甲骨	
金文	
篆書	
隸書	

南邊 nánbian

南部 nánbù

南方 nánfāng

南面 nánmiàn

南北 nánběi

南瓜 nánguā

南極 nánjí

南橘北枳 nán jú běi zhǐ

南柯一夢 nán kē yí mèng

南轅北轍 nán yuán běi zhé

苦	苦	【字音】 kǔ (고) 【字義】 쓰다, 힘들다, 괴롭다 ; 고생시키다 ; 힘을 다해 【解說】 형용사 ; 동사 ; 부사
甲骨		
金文		
篆書		
隸書		

苦難 kǔnàn

苦惱 kǔnǎo

苦楚 kǔchǔ

苦盡甘來 kǔ jìn gān lái

苦悶 kǔmèn

苦痛[痛苦] kǔtòng/tòngkǔ

苦心 kǔxīn

苦戰 kǔzhàn

苦衷 kǔzhōng

刻苦 kèkǔ

院	院	【字音】 yuàn (원) 【字義】 뜰, 집, 정부기관이나 공공장소, 단과대학, 병원 【解說】 명사
甲骨		
金文		
篆書		
隸書		

院子 yuànzi

院落 yuànluò

院士 yuànshì

院長 yuànzhǎng

(大專)院校 (dàzhuān)yuànxiào

醫院 yīyuàn

住院 zhùyuàn

法院 fǎyuàn

劇[戲]院 jùyuàn/xìyuàn

深宅大院 shēn zhái dà yuàn

精	精	【字音】 jīng (정) 【字義】 훌륭하다, 정교/정밀/정통하다 ; 정수, 정신 【解說】 형용사 ; 명사

書體	字形	詞語	詞語
甲骨		精彩 jīngcǎi	精打細算 jīng dǎ xì suàn
金文		精神 jīngshen/jīngshén	精華 jīnghuá
篆書		精力 jīnglì	精密 jīngmì
隸書		精細 jīngxì	精通 jīngtōng
		精緻 jīngzhì	精心 jīngxīn

買	买	【字音】 mǎi (매) 【字義】 사다, 구매하다, (돈이나 기타 수단으로) 매수하다 【解說】 동사

書體	字形	詞語	詞語
甲骨		買賣(人) mǎimai(rén)	買通 mǎitōng
金文		買單 mǎidān	買通關節 mǎi tōng guān jié
篆書		買櫝還珠 mǎi dú huán zhū	買帳 mǎizhàng
隸書		買好 mǎihǎo	買主 mǎizhǔ
		買空賣空 mǎi kōng mài kōng	邀買人心 yāo mǎi rén xīn

市	市	【字音】 shì (시) 【字義】 시, 도시, 시장, 시가, 시세 ; 사고 팔다(문언) 【解說】 명사 ; 동사
甲骨		市場 shìchǎng 市集 shìjí 市價 shìjià 市郊 shìjiāo 市井 shìjǐng
金文		市民 shìmín 市區 shìqū 市政 shìzhèng 超市 chāoshì 城市 chéngshì
篆書		
隷書		

細	细	【字音】 xì (세) 【字義】 가늘다, (미)약하다, 정교하다, 상세하다 ; 첩자 【解說】 형용사 ; 명사(奸細)
甲骨		細菌 xìjūn 細心 xìxīn 細胞 xìbāo 細緻 xìzhì 細節 xìjié
金文		細小 xìxiǎo 細部 xìbù 細目 xìmù 細則 xìzé 詳細 xiángxì
篆書		
隷書		

傳	传	【字音】chuán ; zhuàn (전) 【字義】전하다, 전파하다 ; 전, 전기, 경전의 전통적 주해 【解說】동사 ; 명사

甲骨		傳播 chuánbō	傳授 chuáshòu
金文		傳統 chuántǒng	傳送 chuánsòng
篆書		傳達 chuándá	傳眞 chuánzhēn
		傳染 chuánrǎn	傳記 zhuànjì
隸書		傳說 chuánshuō	自傳 zìzhuàn

北	北	【字音】běi (북) 【字義】북쪽, 북방, 북녘 ; 패배하다, 등을 맞대다(문언) 【解說】명사 ; 동사

甲骨		北邊 běibiān	北京 Běijīng
金文		北方 běifāng	北上 běishàng
篆書		北面 běimiàn	敗北 bàiběi
		北極 běijí	泰山北斗 tài shān běi dǒu
隸書		北緯 běiwěi	走南闖北 zǒu nán chuǎng běi

及	及	【字音】 jí (급) 【字義】 도달하다, 제시간에 대다, (비교해서) 미치다 ; 및 【解說】 동사 ; 접속사('跟' '和'에 상당함)

甲骨		及格 jígé	普及 pǔjí
金文		及時 jíshí	涉及 shèjí
篆書		及早 jízǎo	波及 bōjí
隸書		及至 jízhì	來得[不]及 láidejí/láibují
		言不及義 yán bù jí yì	機票､護照及簽證都帶

害	害	【字音】 hài (해) 【字義】 손해 ; 해롭다 ; 손해를 입히다, 해치다, 걱정되다 【解說】 명사 ; 형용사 ; 동사

甲骨		害處 hàichu	厲[利]害 lìhài
金文		害怕 hàipà	迫害 pòhài
篆書		害蟲 hàichóng	損害 sǔnhài
隸書		害羞 hàixiū	殺害 shāhài
		害群之馬 hài qún zhī mǎ	陷害 xiànhài

廠	厂	【字音】 chǎng (창)
		【字義】 공장, (넓은 부지에 물품 보관을 겸한) 상점
		【解說】 명사

甲骨		廠長 chǎngzhǎng	廠主 chǎngzhǔ
金文		廠房 chǎngfáng	出廠(價) chūchǎng(jià)
篆書		廠家 chǎngjiā	鋼鐵廠 gāngtiěchǎng
		廠商 chǎngshāng	煤廠 méichǎng
隸書		廠址 chǎngzhǐ	木廠 mùchǎng

消	消	【字音】 xiāo (소)
		【字義】 사라지다, 없애다, 소비하다, 소일하다, 해소하다
		【解說】 동사

甲骨		消食 xiāoshí	消失 xiāoshī
金文		消息 xiāoxi	消除 xiāochú
篆書		消費 xiāofèi	消毒 xiāodú
		消化 xiāohuà	消耗 xiāohào
隸書		消滅 xiāomiè	消遣 xiāoqiǎn

送	送	【字音】 sòng (송)
		【字義】 보내다, 배웅하다, 주다, 선물하다, 버리다
		【解說】 동사

甲骨		送行 sòngxíng	送人情 sòng rénqíng
金文		送禮 sònglǐ	送命 sòngmìng
篆書		送別 sòngbié	送終 sòngzhōng
隸書		送舊迎新 sòng jiù yíng xīn	歡送 huānsòng
		送往迎來 sòng wǎng yíng lái	贈送 zèngsòng

織	织	【字音】 zhī (직)
		【字義】 (직물을) 짜다, 뜨개질하다, 교차하다
		【解說】 동사

甲骨		織補 zhībǔ	織造 zhīzào
金文		織錦 zhījǐn	紡織 fǎngzhī
篆書		織女(星) zhīnǚ(xīng)	編織 biānzhī
隸書		織品 zhīpǐn	組織 zǔzhī
		織物 zhīwù	交織 jiāozhī

談	谈	【字音】 tán (담) 【字義】 말하다, 이야기하다 ; 말, 이야기, 담화 【解說】 동사 ; 명사

甲骨		談話 tánhuà	談情 tánqíng
金文		談判 tánpàn	談笑 tánxiào
篆書		談論 tánlùn	談心 tánxīn
隸書		談天 tántiān	談天說地 tán tiān shuō dì
		談柄 tánbǐng	談言微中 tán yán wēi zhòng

母	母	【字音】 mǔ (모) 【字義】 어머니, 모친, 사물 발생의 근본 ; 암컷의 【解說】 명사 ; 형용사

甲骨		母親 mǔqin	母性 mǔxìng
金文		母愛 mǔ'ài	母音 mǔyīn
篆書		母體 mǔtǐ	母語 mǔyǔ
隸書		母系 mǔxì	父母 fùmǔ
		母校 mǔxiào	祖母 zǔmǔ

衣	衣	【字音】 yī (의)
		【字義】 의복, 옷, 씌우개(옷과 같이 물체를 싸고 있는 것)
		【解說】 명사

甲骨		衣服 yīfu	衣不解帶 yī bù jiě dài
金文		衣裳 yīshang	衣冠禽獸 yīguān qínshòu
篆書		衣架 yījià	衣錦還鄉 yī jǐn huán xiāng
隸書		衣襟 yījīn	衣食住行 yī shí zhù xíng
		衣着 yīzhuó	糖衣 tángyī

委	委	【字音】 wěi (위)
		【字義】 맡기다, 버리다, 덮어씌우다 ; 시들다 ; 위원(회)
		【解說】 동사 ; 형용사 ; 명사

甲骨		委屈 wěiqu	委派 wěipài
金文		委託[托] wěituō	委任 wěirèn
篆書		委決不下 wěi jué bú xià	委婉 wěiwǎn
隸書		委靡不振 wěi mí bú zhèn	委罪 wěizuì
		委曲求全 wěi qū qiú quán	委員(會) wěiyuán(huì)

何 何

【字音】 hé (하)

【字義】 무엇, 어느, 어떤, 왜, 어찌 ; 얼마나

【解說】 대명사 ; 부사 ; 고어에서 '荷'와 같음

甲骨	
金文	
篆書	
隸書	

何必 hébì

何況 hékuàng

何等 héděng

何不 hébù

何嘗 hécháng

何妨 héfáng

何故 hégù

何如 hérú

何須 héxū

談何容易 tán hé róngyì

須 须

【字音】 xū (수)

【字義】 반드시 ~해야 한다 ; 수염(鬚)

【解說】 동사 ; 명사 ; '鬚'의 본자

甲骨	
金文	
篆書	
隸書	

須知 xūzhī

須要 xūyào

須臾 xūyú

須得 xūděi

必須 bìxū

無須 wúxū

花鬚 huāxū

鬚髮 xūfà

鬚根 xūgēn

鬚眉 xūméi

擊	击	【字音】 jī (격) 【字義】 치다, 찌르다, 공격하다, 부딪치다 【解說】 동사
甲骨		擊敗 jībài	衝擊 chōngjī
金文		擊發 jīfā	攻擊 gōngjī
篆書		擊毀 jīhuǐ	襲擊 xíjī
隸書		擊劍 jījiàn	反戈一擊 fǎn gē yì jī
		擊破 jīpò	以卵擊石 yǐ luǎn jī shí

需	需	【字音】 xū (수) 【字義】 필요하다, 요구되다 ; 필수품, 수요 【解說】 동사 ; 명사
甲骨		需要 xūyào	需用 xūyòng
金文		需求 xūqiú	軍需 jūnxū
篆書		需本 xūběn	不時之需 bù shí zhī xū
隸書		需費 xūfèi	各取所需 gè qǔ suǒ xū
		需索 xūsuǒ	供需平衡 gōng xū píng héng

調	调	【字音】 diào ; tiáo (조) 【字義】 옮기다, 전근시키다, 조사하다 ; 성조, 곡조 (diào) 【解說】 조정하다, 배합하다, 놀리다 ; 적절하다 (tiáo)

甲骨		調查 diàochá	調整 tiáozhěng
金文		調動 diàodòng	調節 tiáojié
篆書		調度 diàodù	調皮 tiáopí
隸書		調換 diàohuàn	調和 tiáohé
		腔調 qiāngdiào	協調 xiétiáo

際	际	【字音】 jì (제) 【字義】 가장자리, 사이, 즈음, 시기 ; 만나다, 교제하다 【解說】 명사 ; 동사

甲骨		際會 jìhuì	漫無邊際 màn wú biān jì
金文		際遇 jìyù	一望無際 yí wàng wú jì
篆書		天際 tiānjì	高不可際 gāo bù kě jì
隸書		星際 xīngjì	天人之際 tiān rén zhī jì
		人際 rénjì	無邊無際 wú biān wú jì

偺	咱	【字音】 zán ; zá (찰)
		【字義】 우리(상대방 포함), 나(방언) ; '偺家'의 경우
		【解說】 대명사

甲骨		偺們 zánmen	偺家 zájiā
金文		偺[我]不懂他的話。	
篆書		偺們都是自己人, 何必這麼客氣!	
隷書		偺們不是都說好了嗎?	

拉	拉	【字音】 lā (랍)
		【字義】 끌다, 켜다, 질질 끌다, 이끌다, 연루시키다, 맺다
		【解說】 동사

甲骨		拉扯 lāche	拉鋸 lājù
金文		拉倒 lādǎo	拉攏 lālǒng
		拉丁 lādīng	拉麵 lāmiàn
篆書		拉關係 lā guānxi	拉雜 lāzá
隷書		東拉西扯 dōng lā xī chě	拉家帶口 lā jiā dài kǒu

低	低	【字音】 dī (저) 【字義】 낮다(높이, 기준, 정도, 등급) ; (머리를) 숙이다 【解說】 형용사 ; 동사

甲骨		低級 dījí	低人一等 dī rén yì děng
金文		低劣 dīliè	低三下四 dī sān xià sì
篆書		低溫 dīwēn	低聲 dīshēng
隸書		低下 dīxià	低頭 dītóu
		低潮 dīcháo	眼高手低 yǎn gāo shǒu dī

脚	脚	【字音】 jiǎo ; jué (각) 【字義】 발, (물체의) 밑동 ; 배우('角'과 같음) 【解說】 명사

甲骨		脚步 jiǎobù	脚力 jiǎolì
金文		脚本 jiǎoběn	脚氣 jiǎoqì
篆書		脚燈 jiǎodēng	脚踏實地 jiǎo tà shí dì
隸書		脚底 jiǎodǐ	脚印 jiǎoyìn
		脚跟 jiǎogēn	墻脚 qiángjiǎo

友	友	【字音】 yǒu (우) 【字義】 벗, 친한 사람 ; 친하다, 우호적이다 【解說】 명사 ; 형용사
甲骨		
金文		
篆書		
隸書		

友好 yǒuhǎo	友軍 yǒujūn
友誼 yǒuyì	友善 yǒushàn
友愛 yǒu'ài	朋友 péngyǒu
友情 yǒuqíng	親友 qīnyǒu
友邦 yǒubāng	密友 mìyǒu

堅	坚	【字音】 jiān (견) 【字義】 단단하다, (의지 따위가) 굳다 ; 견고한 사물 【解說】 형용사 ; 명사
甲骨		
金文		
篆書		
隸書		

堅持 jiānchí	堅硬 jiānyìng
堅定 jiāndìng	堅韌 jiānrèn
堅決 jiānjué	堅實 jiānshí
堅强 jiānqiáng	堅信 jiānxìn
堅固 jiāngù	中堅 zhōngjiān

音	音	【字音】 yīn (음) 【字義】 소리, 음악, 음절, 소식 ; (독음을) 읽다 【解說】 명사 ; 동사(문언)	
甲骨		音樂 yīnyuè	聲音 shēngyīn
金文		音響 yīnxiǎng	噪音 zàoyīn
篆書		音調 yīndiào	拼音 pīnyīn
隸書		音節 yīnjié	元音 yuányīn
		音律 yīnlǜ	知音 zhīyīn

安	安	【字音】 ān (안) 【字義】 안정되다 ; 안정시키다, 만족하다, 설치하다, 품다 【解說】 형용사 ; 동사 ; 부사(어찌 ~하겠는가?)	
甲骨		安靜 ānjìng	安定 āndìng
金文		安排 ānpái	安裝 ānzhuāng
篆書		安全 ānquán	安寧 ānníng
隸書		安慰 ānwèi	安穩 ānwěn
		安心 ānxīn	安分守己 ān fèn shǒu jǐ

哥	哥	【字音】 gē (가) 【字義】 형, 오빠, 형씨, ~형(같은 또래의 남자 존칭) 【解說】 명사

서체	자형	단어	단어
甲骨		哥哥 gēge	大哥 dàgē
金文		哥們兒 gēmenr	表哥 biǎogē
篆書		哥兒 gēr	老哥 lǎogē
隸書		哥兒倆 gērliǎ	堂哥 tánggē
		哥兒們 gērmen	(小)帥哥 (xiǎo)shuàigē

興	兴	【字音】 xīng ; xìng (흥) 【字義】 성행하다, 성하게 하다, 일으키다, 일어나다 ; 흥미 【解說】 동사 ; 명사

서체	자형	단어	단어
甲骨		興奮 xīngfèn	復興 fùxīng
金文		興辦 xīngbàn	興趣 xìngqù
篆書		興建 xīngjiàn	興高采烈 xìng gāo cǎi liè
隸書		興起 xīngqǐ	興味 xìngwèi
		興旺 xīngwàng	興致(勃勃) xìngzhì (bóbó)

技	技	【字音】jì (기) 【字義】기능, 기술, 솜씨, 재능, 수완 【解說】명사

甲骨		技能 jìnéng	技術 jìshù
金文		技巧 jìqiǎo	技藝 jìyì
篆書		技法 jìfǎ	雜技 zájì
隸書		技師 jìshī	一技之長 yí jì zhī cháng
		技士 jìshì	雕蟲小技 diāo chóng xiǎo jì

落	落	【字音】luò ; là (낙/락) 【字義】떨어지다, 몰락하다, 낙후되다, 마을 ; 빠뜨리다 【解說】동사, 명사 ; 동사

甲骨		落後 luòhòu	降落 jiàngluò
金文		落成 luòchéng	零落 língluò
篆書		落地 luòdì	衰落 shuāiluò
隸書		落實 luòshí	部落 bùluò
		落選 luòxuǎn	丟三落四 diū sān là sì

睛	睛	【字音】jīng (정) 【字義】눈알, 눈동자 【解說】명사

甲骨		定睛 dìngjīng	
金文		畫龍點睛 huà lóng diǎn jīng	
篆書		龍睛虎目 lóng jīng hǔ mù	
隸書		目不轉睛 mù bù zhuǎn jīng 猫睛石 māojīngshí	

況	況	【字音】kuàng (황) 【字義】하물며 ; 견주다, 비교하다 ; 상황, 사정 【解說】접속사 ; 동사 ; 명사

甲骨		況且 kuàngqiě	盛況 shèngkuàng
金文		何況 hékuàng	戰況 zhànkuàng
篆書		況味 kuàngwèi 比況 bǐkuàng	狀況 zhuàngkuàng 每況愈下 měi kuàng yù xià
隸書	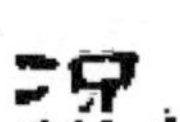	情況 qíngkuàng	以古況今 yǐ gǔ kuàng jīn

批	批	【字音】 pī (비) 【字義】 결재하다, 비평하다 ; 대량의 ; 떼, 무리, 무더기 【解說】 동사 ; 형용사 ; 양사

甲骨		批評 pīpíng	批改 pīgǎi
金文		批判 pīpàn	批示 pīshì
篆書		批准 pīzhǔn	批語 pīyǔ
隷書		批駁 pībó	批發(市場) pīfā(shìchǎng)
		批覆 pīfù	一批貨(物) yì pī huò(wù)

刻	刻	【字音】 kè (각) 【字義】 새기다 ; 때, 순간 ; 각(15분) ; 각박하다, 심하다 【解說】 동사 ; 명사 ; 양사 ; 형용사

甲骨		刻板 kèbǎn	刻薄 kèbó
金文		刻畫 kèhuà	刻苦 kèkǔ
篆書		刻骨銘心 kè gǔ míng xīn	刻意 kèyì
隷書		刻舟求劍 kè zhōu qiú jiàn	刻不容緩 kè bù róng huǎn
		雕刻 diāokè	一時一刻 yìshíyíkè

非 非

【字音】 fēi (비)

【字義】 잘못 ; ~이 아니다, ~에 어긋나다, 비난하다 ; 꼭

【解說】 명사 ; 동사 ; 부사

甲骨		非常 fēicháng	非得 fēiděi
金文		非法 fēifǎ	非凡 fēifán
篆書		非~不可~ fēi~bùkě~	非禮 fēilǐ
隸書		非~才~ fēi~cái~	非難 fēinàn
		非但 fēidàn	非洲 Fēizhōu

支 支

【字音】 zhī (지)

【字義】 받치다, 버티다, 지불하다 ; 갈래 ; 자루, 대오, 곡

【解說】 동사 ; 명사 ; 양사(자루, 대오, 악곡을 세는 단위)

甲骨		支持 zhīchí	支付 zhīfù
金文		支配 zhīpèi	支票 zhīpiào
篆書		支部 zhībù	支援 zhīyuán
隸書		支撐 zhīchēng	支柱 zhīzhù
		支出 zhīchū	一支鋼筆 yì zhī gāngbǐ

星 星

【字音】xīng (성)

【字義】별, 천체, 별 모양의 것, 부스러기, 인기 연예인

【解說】명사

甲骨	
金文	
篆書	
隸書	

星期 xīngqī	星宿 xīngxiù
星星 xīngxing	星座 xīngzuò
星號 xīnghào (*)	行星 xíngxīng
星河 xīnghé	恒星 héngxīng
星球 xīngqiú	一星半點兒 yìxīngbàndiǎnr

急 急

【字音】jí (급)

【字義】급하다, 긴박하다 ; 초조해하다, 화내다 ; 급무

【解說】형용사 ; 동사 ; 명사

甲骨	
金文	
篆書	
隸書	

急忙 jímáng	急性 jíxìng
急劇 jíjù	急躁 jízào
急切 jíqiè	急轉彎 jízhuǎnwān
急需 jíxū	救急 jiùjí
急於 jíyú	危急 wēijí

【부록】

중국어상용한자 빈도순 500자 목록

001 的 de(적) 조사(구조) ; dí(적) 적중하다 ; dì(적) 과녁

002 一 yī(일) 하나, 일 ; 같다, 온통, 한결같은

003 了 le(료) 조사(동작/변화 완료, 어기) ; liǎo(료) 마치다, 잘 알다(瞭)

004 是 shì(시) ~이다, 맞다, 옳다

005 不 bù(불/부) 아니다, ~할 필요 없다

006 我 wǒ(아) 나, 저, 우리, 여러 사람

007 在 zài(재) 존재하다, ~에 있다 ; …에(서) ; 막 ~하려 하다

008 有 yǒu(유) 있다, 가지고 있다, 생기다, 나타나다

009 人 rén(인) 사람, 인간, 타인(다른 사람), 성인(어른)

010 這 zhè(저) 이, 이것(가까이 있는 사람이나 사물을 가리킴)

011 他 tā(타) 그(사람), 다른 것(它)

012 們 men(문) ~들(복수) ; mén(문) 땅이름

013 來 lái(내/래) 오다, 발생하다, ~하러 오다 ; 미래의, 장래의

014 個 gè(개) 개 (사물), 명 (사람) ; 단독의, 개별의 ; 키

015 上 shàng(상) 위 ; 상등의 ; 위로 ; 오르다, 타다, ~일을 하다

016 地 de(지) 조사(구조) ; dì(지) 땅, 지구, 바닥, 지방

017 大 dà(대) 크다, (나이가) 많다 ; 첫 번째, 어른

018 著 zhe(저) ~하고 있다 ; zháo(着/착) 받다 ; zhuó(着/착) 입다

019 就 jiù(취) 곧, 꼭 ; 이루다, 가까이하다 ; ~에 대하여

020 你 nǐ(니) 너, 당신

021 說 shuō(설) 말하다, 주장, 이론, 학설 ; shuì(세) 유세하다

022 到 dào(도) ~까지 ; 이르다, 도착하다 ; 주도면밀하다

023 和 hé(화) ~와, 평화롭다, 화목하다 ; hè(화) 화답하다 ; huó(화) 반죽하다 ; huo(화) '暖和' '溫和'에서 '和'의 구어음

024 子 zǐ(자) 아들, 사람에 대한 통칭 ; zi(자) 명사화하는 접미사

025 要 yào(요) 원하다, 필요하다, ~하려 하다 ; yāo(요) 요구하다

026 裏 lǐ(이/리) 속, 안 ; 마을, 거리(里/리)

027 麽 me(마) 무엇, 어찌 ; 접미사(대명사, 부사 뒤에 쓰임)

028 得 de(득) 조사 ; dé(득) 얻다 ; děi(득) ~해야 한다, ~하지 않을 수 없다

029 去 qù(거) 가다, 떠나다, 없애다 ; 지나간, 과거의

030 也 yě(야) 부사(범위 : ~도) ; 조사(어기)

031 那 nà(나) 그, 저(멀리 떨어져 있는 사람, 사물을 가리킴)

032 會 huì(회) ~할 수 있다, 모이다 ; kuài(회) 통계하다, 회계하다

033 主 zhǔ(주) 주인 ; 주관하다, 주장하다 ; 기본적인, 자신의

034 時 shí(시) 때, 시간, 시기 ; 일시의 ; 자주, 이따금

035 出 chū(출) 나가다, 나오다, 나타나다, 발산하다

036 下 xià(하) 아래, 다음(번) ; 내리다, (일 등을) 마치다

037 國 guó(국) 나라, 국가, 자기 나라의 것

038 過 guò(과) 지나다, 초과하다 ; 과오, 잘못 ; ~한 적이 있다

039 爲 wéi(위) 하다, 삼다, 여기다, ~당하다 ; wèi(위) 위하여, ~ 때문에

040 好 hǎo(호) 좋다, 매우 ; hào(호) 좋아하다

041 看 kàn(간) 보다, 생각하다, 진료하다 ; kān(간) 지키다, 간호하다

042 生 shēng(생) 태어나다, 자라나다, 살다 ; 생생하다, 생소하다

043 可 kě(가) 가하다 ; ~할 만하다 ; 그러나, 하지만

044 以 yǐ(이) ~(으)로(써), ~에 의해, ~에게 ~를 주다

045 還 hái(환) 아직, 또, 여전히, 일찍이 ; huán(환) 돌아가다, 돌려주다

046 學 xué(학) 배우다, 흉내 내다 ; 학문, 학과

047 起 qǐ(기) 일어나다, 시작하다, 세우다, 발생하다

048 都 dōu(도) 모두, 이미, ~조차도 ; dū(도) 대도시, 수도

049 年 nián(연/년) 년, 해 ; 년, 나이, 일생의 한 시기

050 小 xiǎo(소) 작다, 적다, 약하다, 어리다 ; 조금 ; 경시하다

051 沒 méi(몰) 아직 ~않다, 없다, 숨다 ; mò(몰) 잠기다, 몰수하다

052 能 néng(능) ~할 수 있다 ; 재능, 에너지

053 多 duō(다) 많다, 크다, 지나치다 ; 초과하다 ; 얼마나

054 天 tiān(천) 하늘, 낮, 날, 일, 계절, 기후 ; 타고난, 천부의

055 工 gōng(공) 일꾼, 작업, 노동, 일 ; 정교하다 ; ~에 능숙하다

056 家 jiā(가) 집 ; 전문 분야 종사자, 학파

057 把 bǎ(파) 쥐다, 번, 차례, ~으로 ; bà(파) 자루, 손잡이, 줄기

058 動 dòng(동) 움직이다, 바꾸다, 행동하다 ; 동적인 ; 걸핏하면

059 用 yòng(용) 쓰다, (음식을) 들다, 마시다 ; 용도, 비용

060 對 duì(대) 옳다 ; 대하다, 대답하다 ; ~에게

061 中 zhōng(중) 가운데, 중앙 ; zhòng(중) 맞추다, 합격하다, 적중하다

062 作 zuò(작) 일어나다, 글 쓰다, ~로 여기다, (일)하다 ; 일터

063 自 zì(자) 자기, 스스로 ; 자연히 ; ~에서(부터)

064 發 fā(발) 쏘다, 가다, 보내다 ; fà(髮/발) 머리카락

065 又 yòu(우) 또, 다시, 한편, 그 위에 ; ~하였으나 또

066 同 tóng(동) 함께 ; 같다 ; ~와 같다 ; ~과 함께, ~에게 ; ~과

067 民 mín(민) 백성, 국민, 민간, 어떤 직업에 종사하는 사람

068 面 miàn(면) 낯, 얼굴 ; 밀가루, 국수(麵)

069 想 xiǎng(상) 생각하다, 그리워하다, 추측하다 ; ~하려 하다

070 樣 yàng(양) 모양, 모습, 본보기 ; 종류, 형태

071 成 chéng(성) 이루다, ~가 되다 ; 고정된, 성숙한 ; 성과, 성취

072 義 yì(의) 정의, 의미, 의의 ; 의로운, 올바른

073 後 hòu(후) 뒤, 후손, 자손 ; 뒤의, 나중의 ; 황후(后)

074 她 tā(타) 그녀, 그 여자, 귀중하게 여기는 사물에 대한 칭호

075 頭 tóu(두) 머리(카락), 시초 ; 제일의, 처음 ; tou(두) 접미사

076 經 jīng(경) 지나다, 경험하다 ; jìng(경) 날실을 베틀에 걸다, 조리

077 產 chǎn(산) 낳다, 만들어내다 ; 생산품, 재산, ~출신

078 道 dào(도) 길, 이치, 방법, 기술 ; 말하다

079 十 shí(십) 열, 십 ; 절정에 달하다, 완전무결하다

080 甚 shén(심) 무엇 ; shèn(심) 매우, 크다, 심하다 ; shí(什/십) 열, 십, 다양한

081 進 jìn(진) 나아가다, (안으로) 들다, 바치다, 제출하다

082 心 xīn(심) 마음, 심정, 의지, 속, 중심, 심장, 계략

083 現 xiàn(현) 현재, 지금 ; 나타나다 ; 실제로 있는 ; 임시로

084 然 rán(연) 그러나 ; 옳다, 맞다 ; 이와 같다, 이러하다

085 只 zhǐ(지) 다만, 단지, 오직, 오직 ~이다 ; zhī(隻/척) 쪽, 짝, 척

086 種 zhǒng(종) 종자, 씨, 종류 ; 부류, 가지 ; zhòng(종) 심다, 파종하다

087 老 lǎo(노/로) 늙다, 낡은, 노련하다, 본래의 ; 늘, 매우 ; 늙은이

088 事 shì(사) 일, 업무, 사고, 사건 ; 종사하다, 섬기다

089 從 cóng(종) 따르다, 종사하다 ; ~부터 ; 종속적인 ; 여태껏

090 分 fēn(분) 나누다, 구분하다, 분(시간) ; fèn(분) 성분, 본분

091 前 qián(전) 앞, 이전, 미래 ; 앞으로 나아가다 ; 이전의

092 些 xiē(사) 조금, 약간, 얼마쯤

093 點 diǎn(점) 약간, 조금 ; 점검하다, 주문하다 ; 점, 방울, 간식

094 開 kāi(개) 열(치)다, 켜다, 운전하다, 벌어지다, 시작하다

095 而 ér(이) 그리고, 그러나, ~까지, 만일

096 很 hěn(흔) 매우, 대단히, 아주, 잘, 퍽

097 方 fāng(방) 네모, 육면체, 지방, 곳, 방법 ; 바르다 ; 이제 막

098 於 yú(어) (于/우) ~에(서), ~에게, ~에 대해, ~보다, ~로부터

099 行 xíng(행) 가다, 좋다, 행하다 ; háng(항) 유능하다, 줄, 행, 업종

100 長 cháng(장) 길다, 오래다, 뛰어나다 ; zhǎng(장) 자라다, 나이 많다, 어른

101 見 jiàn(견) 보(이)다, 만나다, 생각, 의견 ; xiàn(현) 드러나 보이다

102 水 shuǐ(수) 물, 강(江), 수해, 용액, 부수입

103 兩 liǎng(양/량) 둘, 두어, 몇몇 ; 쌍방, 양측 ; 냥

104 走 zǒu(주) 걷다, 가다, 떠나다, 움직이다, 사람이 죽다

105 高 gāo(고) (높이, 등급, 수준이) 높다 ; 높이, 높은 곳

106 三 sān(삼) 셋, 삼, 다수, 여러 차례

107 象 xiàng(상) 코끼리, 형상, 모양 ; 모방하다, 흉내 내다

108 回 huí(회) (되)돌아가다, 회답하다, 되돌리다(廻/회) ; 회, 가지

109 實 shí(실) 진실하다, 충만하다 ; 확실히 ; 실제, 열매

110 當 dāng(당) ~이 되다, ~해야 한다 ; dàng(당) 적당하다, 간주하다

111 氣 qì(기) 기체, 기후, 기운, 분위기 ; 화내다, 화나게 하다

112 問 wèn(문) 묻다, 안부를 묻다, 심문하다, 관여하다

113 它 tā(타) (사람 이외의) 그(것), 저(것) ; 동물(牠/타)

114 給 gěi(급) 주다, 시키다, ~에게, ~를 향하여 ; jǐ(급) 공급하다

115 手 shǒu(수) 손, 수단 ; 쥐다, 잡다 ; 친필의 ; 손수, 몸소

116 全 quán(전) 온, 완비하다 ; 모두, 완전히 ; 완전무결하게 하다

117 部 bù(부) 부분, 부서, 분류, 부대 ; 부, 편, 대

118 二 èr(이) 둘, 이 ; 두 번째, 다른, 두 가지의

119 力 lì(역/력) 힘, 기능, 작용 ; 힘쓰다, 노력하다 ; 힘껏, 애써

120 正 zhèng(정) 바르다, 정당하다, 순수하다, 마침, 꼭 ; zhēng(정) 정월

121 定 dìng(정) 안정적이다, 고정적이다 ; (결)정하다, 주문하다

122 意 yì(의) 뜻, 의미, 생각, 의견 ; 짐작하다, 예상하다

123 命 mìng(명) 명(령)하다, ~라고 여기다 ; 생명, 운명, 명령

124 幾 jǐ(기) 몇 ; jī(기) 거의, 하마터면 ; 작은 탁자(几/궤)

125 機 jī(기) 기계, 기능, 계기, 기회, 기밀 ; 기민하다

126 黨 dǎng(당) (정)당, 파벌, 중국공산당 ; 편들다, 치우치다

127 所 suǒ(소) 장소, 곳 ; 채, 동 ; ~하는 바, ~되다

128 向 xiàng(향) 방향, 의지의 경향 ; 향하다 ; ~에게, ~를 향해

129 戰 zhàn(전) 전쟁, 전투, 싸움 ; 싸우다, 전쟁하다, 겨루다

130 己 jǐ(기) 자기, 자신 ; 기(10天干의 여섯 번째)

131 知 zhī(지) 알다, 이해하다, 주관하다 ; 지식, 지기

132 物 wù(물) 물건, 물체, 실제 내용, 다른 사람, 외부 환경

133 理 lǐ(이/리) 정리하다, 다스리다, 상대하다 ; 결, 이치, 도리

134 聲 shēng(성) (목)소리, 명성 ; (목)소리를 내다, 선포하다

135 等 děng(등) 등급, 종류 ; 기다리다 ; 같다, 대등하다

136 打 dǎ(타) 치다, 때리다, 깨어지다, (전화를) 걸다 ; dá(타) 다스(dozen)

137 話 huà(화) 말, 언어, 방언, 이야기 ; 이야기하다

138 本 běn(본) (공)책, 근본, 각본, 판본 ; 본래 ; 원래의

139 社 shè(사) 단체, 조직, 집단, 기구, 지신(地神)

140 邊 biān(변) 가장자리, 주위, 변경, 끝, 방면 ; ~하면서 ~하다

141 外 wài(외) 겉, 바깥 ; 외국의, 바깥의 ; 따로, 또한, 게다가

142 法 fǎ(법) 법(률), 방법 ; 모방하다, 본보기삼다 ; Fǎ(법) 프랑스

143 化 huà(화) 변(화)하다, 녹다, 소화하다 ; 화학 ; ~화(하다)

144 之 zhī(지) 가다 ; 이(것), 그(것) ; ~의 , ~한, ~은

145 如 rú(여) ~와 같다, 따르다, 예를 들면 ; ~에 따라 ; 만일

146 情 qíng(정) 감정, 애정, 상황, 정리, 정욕, 정취

147 候 hòu(후) 때, 기후, 상황 ; 기다리다, 문안하다

148 眼 yǎn(안) 눈, 구멍, 안목, 관건, (바둑) 집

149 無 wú(무) 없다 ; ~이 아니다, ~하지 않다 ; ~을 막론하고

150 但 dàn(단) 그러나, 하지만, 그렇지만 ; 다만, 오로지

151 呢 ne(니) ~하는 중, ~하니? ; ní(니) 소곤소곤, 나사(羅紗)

152 使 shǐ(사) ~하게 시키다, 파견하다, 사신으로 가다 ; 외교관

153 重 zhòng(중) 무겁다, 중요하다 ; chóng(중) 중복하다, 쌓다, 다시, 거듭

154 叫 jiào(규) 외치다, 부르다, 요구하다, ~시키다 ; ~에 의해서

155 身 shēn(신) 몸, 신체, 자기 자신, 일평생 ; 벌

156 間 jiān(간) 사이, 중간, 방 ; jiàn(간) 틈, 간격, 간접적인, 이간시키다

157 業 yè(업) 업종, 학업, 업 ; 이미, 벌써 ; (직업에) 종사하다

158 反 fǎn(반) 반대의 ; 반대하다, 뒤집다, 돌아가다 ; 도리어

159 眞 zhēn(진) 확실히, 진실로 ; 참되다, 분명하다 ; 초상, 형상

160 明 míng(명) 밝다, 내일의, 명백하다 ; 확실히 ; 알다, 표명하다

161 聽 tīng(청) 듣다, 따르다, 다스리다 ; 캔, 깡통(tin의 음역)

162 才 cái(재) 재능, 재주 ; (이제) 비로소, 방금, 겨우(纔/재)

163 放 fàng(방) 놓아주다, 파하다, 방영하다, 쏘다, 두다, 확대하다

164 革 gé(혁) 가죽 ; 고치다, 바꾸다, 제거하다, 제명하다

165 路 lù(로) 길, 여정, 방법, 이치, 노선 ; 열, 행. 부류

166 四 sì(사) 넷, 사 ; 중국 음악 음계의 하나

167 別 bié(별) 이별하다 ; 유다르다 ; ~하지 마라 ; 차이 ; 달리

168 做 zuò(주) 하다, 만들다, ~를 맡다, ~로 삼다 ; 동작, 표정

169 志 zhì(지) 뜻, 의지, (문장) 기록, 표지 ; 기록하다, 기억하다

170 文 wén(문) 글, 문장, 문자, 언어, 문화 ; 고상하다 ; (돈) 푼

171 已 yǐ(이) 이미, 벌써, 나중에, 몹시 ; 그치다, 끝나다

172 級 jí(급) 등급, 계급, 층계, 학년 ; 층, 계단, 급

173 怎 zěn(즘) 왜, 어째서, 어떻게, 어찌하여

174 最 zuì(최) 가장, 제일 ; 최고, 으뜸

175 吧 ba(파) ~하자, ~하겠지 ; bā(파) 뚝, 툭, 탁 ; bā(파) 바(bar의 음역)

176 量 liàng(양/량) 양, 수량, 용량 ; liáng(양) (무게를) 달다, 재다, 짐작하다

177 電 diàn(전) 전기, 번개, 전보 ; 감전되다, 전보 치다, 전화 걸다

178 車 chē(차) (자동)차, 기계 ; 운반하다, 물을 퍼 올리다 ; jū(거) 수레

179 先 xiān(선) 앞, 먼저, 원래, 조상 ; 앞서가다 ; 돌아가신

180 媽 mā(마) 엄마, 어머니, 나이 지긋한 부인을 부르는 말

181 新 xīn(신) 새롭다, 새 것의 ; 새로이 ; 새롭게 하다 ; 새 것

182 口 kǒu(구) 입, 말(씨), 맛, 출입구, 주둥이, 식구, 항구

183 幹 gàn(간) 줄기, 간부, 일하다, 유능하다 ; gān(干/간) 방패 ;
gān(乾/건) 마르다, 비우다, 공연히, 억지로

184 軍 jūn(군) 군, 군대, 군단 ; 군사적인

185 制 zhì(제) 만들다, 제조하다(製) ; 제정하다 ; 제도(制)

186 度 dù(도) 법도, 정도, 도량, 회, (시간) 보내다 ; duó(탁) 헤아리다

187 解 jiě(해) 풀다, 없애다, 이해하다 ; jiè(해) 호송하다 ; Xiè(해) 성씨

188 活 huó(활) 살다 ; 활기차다 ; 통째로, 참으로 ; 일(노동)

189 加 jiā(가) 보태다, 더하다, (증)가하다, 시행하다

190 因 yīn(인) 연유, 원인 ; ~때문에 ; ~에 의해 ; 답습하다

191 體 tǐ(체) 몸, 신체, 물체, 체재, 체제 ; 체험하다, 알아주다

192 少 shǎo(소) 적다, 모자라다, 약간 ; shào(소) 젊다

193 山 shān(산) 산, 산 모양의 것 ; 웅장하다, 거대하다
194 代 dài(대) 대리하다, 대신하다, 대체하다 ; 세대, 시대, 조대
195 五 wǔ(오) 다섯, 오 ; 중국 민족 음악의 한 음계
196 政 zhèng(정) 정치, 정권, 행정 업무, 사무
197 階 jiē(계) 층계, 계단, 계급, 등급
198 光 guāng(광) 빛, 영예, (음)덕, 경치 ; 밝다, 빛나다 ; ~(다)만
199 門 mén(문) 문, 방법, 요령, 문파, 문하 ; 과목, 가지, 포문
200 員 yuán(원) 종사원, 구성원, 인원 ; 명, 인, 사람

201 住 zhù(주) 거주하다, 숙박하다, 멎다, 정지하다
202 常 cháng(상) 보통/평상의, 불변의 ; 항상, 자주, 때때로 ; 규율
203 關 guān(관) 닫다, 끄다, 관련되다 ; 관계, 관문, 관절
204 各 gè(각) 각, 여러, 갖가지 ; 각자, 각각
205 原 yuán(원) 시초의, 원래의 ; 양해하다 ; 본래, 원래 ; 평원
206 比 bǐ(비) 비교하다, 본뜨다, 비유하다 ; ~에 비해, ~보다
207 月 yuè(월) 달, 월 ; 매달의, 매월의, 달처럼 둥근 것
208 建 jiàn(건) 짓다, 건설하다, 설립하다, 제안하다
209 變 biàn(변) 변(화)하다, 변화시키다 ; 변화, 변고, 변통
210 次 cì(차) 다음의, (품질이) 떨어지다 ; 다음가다 ; 번 ; 순서
211 第 dì(제) 순서, 차례, 과거, 저택 ; 제~ ; 단지 ~할 뿐
212 應 yīng(응) (응당) ~해야 한다 ; yìng(응) 대답/대응/허락/부합하다
213 條 tiáo(조) 가늘고 긴 것, 가지, 조목, 조리 ; 조항, 줄기, 마리
214 太 tài(태) 최고의, 높다, 크다 ; 대단히, 매우, 그다지
215 合 hé(합) 닫다, 합치다, 부합되다, 합계하다 ; 함께 ; 전부의
216 爭 zhēng(쟁) 경쟁하다, 논쟁하다, 겨루다 ; 어찌(시, 사, 곡에 사용)
217 吃 chī(흘) 먹다, (~로) 생활하다, 견디다 ; 말을 더듬다
218 利 lì(이/리) 이익 ; 예리하다, 순조롭다 ; 편(리)하다, 이롭다
219 再 zài(재) 재차, 다시, ~하고 나서, 더, 게다가 ; 두 번(째)
220 果 guǒ(과) 과일, 열매, 결과 ; 과감하다 ; 과연, 참으로
221 表 biǎo(표) 겉, 본보기, (도)표, 시계(錶/표) ; 나타내다
222 立 lì(입/립) 서다, 세우다, 제정하다 ; 바로 선 ; 곧, 즉시
223 快 kuài(쾌) 빠르다, 즐겁다, 날카롭다, 정직하다 ; 빨리, 곧
224 題 tí(제) 제목, 문제 ; 적다, 서명하다
225 西 xī(서) 서쪽, 서양(의), 극락세계, 서천(불교)

226 總 zǒng(총) 총괄하다 ; 전체의, 주요한 ; 늘, 반드시, 대체로

227 思 sī(사) 생각하다, 그리워하다, 희망하다 ; 생각, 감정

228 由 yóu(유) 유래, 이유 ; 경유하다 ; ~이, ~에 의해, ~로부터

229 結 jié(결) 묶다, 엉기다, 결합하다 ; jiē(결) 열매를 맺다, 더듬거리다

230 白 bái(백) 희다, 밝다, 분명하다 ; 헛되이, 거저 ; 진술하다

231 提 tí(제) (손에) 들다, 끌어올리다, 앞당기다, 말을 꺼내다

232 平 píng(평) 평평하다, 공평하다, 평온하다, 평상의 ; 평정하다

233 百 bǎi(백) 백 ; 온갖, 많은, 전부인

234 東 dōng(동) 동쪽, 동방, 주인, 주최자

235 領 lǐng(영/령) 목, 깃, 요령 ; 받아들이다, 받다, 영유하다, 알다

236 性 xìng(성) 성품, 성질, 특성, 성별, 성 ; ~성

237 您 nín(니) 당신, 귀하, 선생님 ('你'의 존칭)

238 書 shū(서) 책, 문서, 편지, 글씨체 ; 기록하다, (글씨를) 쓰다

239 隊 duì(대) 대, 열, 대열, 단체, 팀 ; 무리

240 花 huā(화) 꽃(무늬) ; 알록달록한 ; 쓰다, 소비하다

241 親 qīn(친) 사이가 좋다 ; 친하다, 입 맞추다 ; 몸소 ; qìng(친) 사돈댁

242 被 bèi(피) 덮다, ~에게 ~당하다 ; 이불 ; ~에 의해

243 決 jué(결) 결코 ; (결)정하다, 끊다 ; 확고하다, 꿋꿋하다

244 教 jiāo(교) 가르치다 ; jiào(교) 가르침, 종교, ~하게 하다

245 論 lùn(논/론) 논하다, 따지다, 말하다, ~로 말하자면 ; Lún(논) 『논어』

246 內 nèi(내) 안(쪽), 내심, 내장, 황궁

247 跟 gēn(근) 발뒤꿈치 ; 따라가다 ; ~와, ~처럼 ; ~와

248 嗎 ma(마) 주로 문장 끝에 쓰여 의문의 어기를 나타냄

249 相 xiāng(상) 서로, 직접 보다 ; xiàng(상) 용모, 자세, 모양, 재상, 돕다

250 笑 xiào(소) 웃다, 비웃다 ; 우스운, 웃기는

251 完 wán(완) 다하다, 완전하다 ; 완성하다, 마치다, 망하다

252 科 kē(과) 과(생물, 사무조직), 과학, 조목, 학과, 과거(시험)

253 其 qí(기) 그(의), 그것, 그런 것 ; 매우, 극히

254 啊 a(아) 문장 끝에 쓰여 다양한 어기를 나타냄 ; ā, á, ǎ, à(아) 감탄사

255 展 zhǎn(전) 펼치다, 발휘하다, 전시하다 ; 전시회, 전람회

256 許 xǔ(허) 칭찬하다, 허락하다, 허가하다 ; 아마도 ; 가량 ; 이처럼

257 資 zī(자) (재물로) 돕다, 제공하다 ; 자질, 재료, 자금

258 者 zhě(자) 자, 것 ; ~라는 것은(문언)

259 公 gōng(공) 공공의, 공평하다 ; 공개/공포하다 ; 공무, 공
260 更 gèng(갱) 더욱, 다시 ; gēng(갱/경) 고치다, 바꾸다, 경(야간 시간 단위)
261 帶 dài(대) 띠, 벨트, 지대 ; 지니다, 인솔하다, 띠다
262 風 fēng(풍) 바람, 풍속, 풍경, 풍문, 풍격, 태도
263 線 xiàn(선) 실, 선, 노선, 한계, 일터 ; 올, 줄기, 가닥
264 九 jiǔ(구) 아홉, 구, 많은 수, 여러 번 ; 구(절기 명칭)
265 導 dǎo(도) 인도하다, 지도하다, 연출하다 ; 연출자, 감독
266 造 zào(조) 만들다, 조작하다, 도달하다, 배양하다 ; ~모작
267 呀 yā(하) 아!, 야! ; ya(하) '啊'와 쓰임이 같은 어기조사
268 繫 jì(계) 매다, 묶다 ; xì(계) 맺다, 마음에 두다(係) ; 계통, 계열, 학과(系)
269 日 rì(일) 태양, 낮, 날, 매일, 하루하루, 때, 철
270 鬪 dòu(투) 싸우다 ; dǒu(두) 말, 두수(斗宿), 북두칠성
271 敵 dí(적) 적(수) ; 적대적인, (역량이) 비슷하다 ; 대항하다
272 指 zhǐ(지) 손가락 ; 가리키다, 지적하다, 비평하다
273 農 nóng(농) 농사, 농업, 농민 ; 농작물을 심다
274 直 zhí(직) 곧다, 수직의, 굳다, 솔직하다 ; 곧게 펴다 ; 줄곧
275 哪 nǎ(나) 어느 (것), 어디 ; na(나) 감탄 어기
276 竝 bìng(병) 나란히 하다, 합치다(倂/병) ; 결코 ; 아울러 ; 조차도
277 萬 wàn(만) 만 ; 매우 많다 ; 아주, 온갖, 절대, 전혀
278 流 liú(유/류) 흐르다, 전(파)하다 ; 순조롭다 ; 흐름, 분파, 유배
279 接 jiē(접) 잇다, 접근하다, 연속하다, 접수하다, 맞이하다
280 通 tōng(통) 통하다, 보통의, 온 ; 교류하다, 알리다, 정통하다
281 界 jiè(계) 경계, 범위, 계(분야, 특수범위) ; 인접하다
282 便 biàn(편) 편리한, 간단한, 용변보다, 곧, 계제 ; pián(편) 값이 싸다
283 共 gòng(공) 함께하다 ; 공통의 ; 도합, 함께 ; 공산당(약칭)
284 位 wèi(위) 자리, 위치, 지위, 왕위 ; 명, 분
285 難 nán(난) 어렵다, 곤란하게 하다 ; nàn(난) 재난, 비난하다, 책망하다
286 數 shǔ(수) 세다, 손꼽(히)다 ; shù(수) 수, 운수 ; shuò(삭) 누차, 자주
287 色 sè(색) 색(깔), 기색, 안색, 여색, 정경, 상황, 종류, 품질
288 往 wǎng(왕) 가다, (~로) 향하다 ; ~쪽으로 (향해) ; 이전의
289 記 jì(기) 기억하다, 기록하다 ; 기록, 기호, 책이나 글(서명)
290 世 shì(세) 천하, 세상, 생애, 세대, 시대 ; 대대로 전해오는
291 根 gēn(근) 뿌리, 근원, 근거, 자손 ; 개, 가닥, 대
292 任 rèn(임) 임명하다, 맡다, 내버려두다 ; 직무 ; ~을 막론하고 ; Rén(임) 성씨

293 區 qū(구) 구별, 구역, 구(행정구획 단위) ; 구분/구별하다

294 認 rèn(인) 알다, 식별하다, (가치를) 인정하다, 중시하다

295 將 jiāng(장) 장차, ~일 것이다, ~로써, ~을 ; jiàng(장) 장수, 이끌다

296 處 chǔ(처) (곳, 상황에) 처하다, 처리하다, 살다 ; chù(처) 곳, 처

297 今 jīn(금) 현대, 지금, 현대 ; 이(것)

298 望 wàng(망) 바라보다, 방문하다, 바라다 ; ~을 향하여, ~으로

299 女 nǚ(여/녀) 여자, 딸, 여수(女宿) ; 여성의, 여자의

300 群 qún(군) 무리, 군중 ; 무리를 이루다 ; 떼 지어 모이다

301 運 yùn(운) 운동하다, 운반하다, 운용하다 ; 운, 운세, 운명

302 覺 jué(각) 느끼다, (잠에서) 깨다, 각성하다, 감각 ; jiào(교) 잠, 수면

303 石 shí(석) 돌, 석각, 결석(의학) ; dàn(석) 석/섬(10말)

304 孩 hái(해) 애, 어린이, 자녀

305 硏 yán(연) 곱게 갈다, 연구하다, 탐구하다

306 每 měi(매) 매~, 각, ~마다 ; 늘, 항상, 자주

307 半 bàn(반) (절)반 ; 반쯤 ; 중간의, 불완전한

308 火 huǒ(화) 불, 열 ; 화내다 ; 번창하다, 붉은색의 ; 긴급하게

309 形 xíng(형) 형체, 형상, 모양 ; 나타나다, 비교하다

310 師 shī(사) 스승, 본보기, 군대 ; 본받다, (따라) 배우다

311 件 jiàn(건) 일, 사건, 개체, 서류, 문건 ; 건, 개

312 愛 ài(애) 사랑하다, 아끼다, ~하기 좋아하다, 곧잘 ~하다

313 辦 bàn(판) 처리하다, 창립하다, 창설하다, 처벌하다 ; 사무실(약칭)

314 步 bù(보) 걸음, (일의 진행) 단계, 상태 ; 걷다, 밟다

315 識 shí(식) 알다, 식별하다, 식견 ; zhì(지) 기호, 표지

316 治 zhì(치) 다스리다, 치료하다, 처벌하다, 징벌하다 ; 태평하다

317 寫 xiě(사) 글씨를 쓰다, 글을 쓰다, 글을 짓다, 묘사하다, 그리다

318 信 xìn(신) 신용, 편지, 소식 ; 믿다 ; 진실하다, 성실하다, 참되다

319 熱 rè(열) 열, 유행 ; 덥다, 인기 있다, 정이 깊다 ; 덥히다

320 衆 zhòng(중) 많다 ; 많은 사람

321 究 jiū(구) 자세히 연구하다, 탐구하다 ; 결국, 요컨대. 도대체

322 計 jì(계) 계산하다, 총계하다, 계획하다 ; 꾀, 계략, 계량기

323 八 bā(팔) 여덟, 팔

324 强 qiáng(강) 강하다, 우월하다, 강(성)하게 하다 ; qiǎng(강) 억지로 하다 ; jiàng(강) 완강하다

325 却 què(각) 물러나다, ~해버리다 ; 도리어, ~(하)지만

326 特 tè(특) 특별하다, 특수하다 ; 특히, 일부러, 다만

327 拿 ná(나) (손으로) 잡다, 얻다, 장악하다 ; ~(으)로써

328 連 lián(연/련) 잇다 ; 계속하여 ; ~조차도, ~마저도

329 改 gǎi(개) 고치다, 바꾸다, 바로잡다, 개정하다

330 受 shòu(수) 받다, 참다, 견디다, 당하다

331 或 huò(혹) 혹은, 또는 ; 혹시, 아마도 ; 혹자

332 設 shè(설) 설치하다, 건립하다, 계획하다, 가정하다 ; 설령

333 報 bào(보) 보고하다, 회답하다, 보답하다, 보복하다 ; 신문

334 算 suàn(산) 계산하다, 계획하다, ~로 치다, 인정하다 ; 마침내

335 此 cǐ(차) 이(것), 이 때, 이 곳, 이렇게

336 切 qiè(절) 절실하다, 꼭, 부합되다 ; qiē(절) 끊다, 자르다

337 必 bì(필) 꼭, 반드시, 반드시 ~해야 한다

338 站 zhàn(참) 서다, 멈추다 ; 역, 정류소, 정류장

339 管 guǎn(관) 관, 호스 ; 관리하다, 관장하다, 관할하다, 맡다, 단속하다

340 空 kōng(공) 비다, 헛되이, 공중 ; kòng(공) 틈, 짬, 비어 있는, 비우다

341 遠 yuǎn(원) (공간적, 시간적, 사이가) 멀다, 크다 ; 멀리하다

342 期 qī(기) 시기, 기간, 기한 ; (시일을) 정하다, 기대하다

343 轉 zhuǎn(전) 전환하다, 전(달)하다 ; zhuàn(전) 회전하다, 돌아다니다

344 早 zǎo(조) 아침 ; (때가) 이르다, 조기의 ; 이미, 벌써

345 觀 guān(관) 보다, 살피다, 경치, 면모, 인식, 견해, 관점 ; guàn(관) 누각

346 告 gào(고) 알리다, 진술하다, 고발하다, 신청하다, 표명하다

347 料 liào(요/료) 예상하다, 짐작하다, 보살피다 ; 재료, 자료, 감, 재목

348 海 hǎi(해) 바다, 큰 호수, 다수의 사람이나 사물 비유 ; 큰

349 滿 mǎn(만) 가득 차다, 온 ; 만족하다, 꽉 채우다 ; 전혀, 아주

350 感 gǎn(감) 느끼다, 감동시키다, 감사하다 ; 정감, 느낌, 생각

351 術 shù(술) 기술, 기교, 방법, 책략, 수단

352 紅 hóng(홍) 붉다, 번창하다, 인기 있다 ; 배당(금), 붉은 꽃

353 誰 shéi/shuí(수) 누구, 아무(임의의 어떤 사람)

354 該 gaī(해) ~해야 한다, ~의 차례다, 당연하다 ; 이, 그, 저

355 且 qiě(차) 잠시, 잠깐 ; 또한, ~조차도, ~하면서 ~하다

356 死 sǐ(사) 죽다, 버리다 ; 고정되다, 막다르다, 죽도록 ~하다

357 飛 fēi(비) 날다, 날리다, 빨리 움직이다 ; 근거 없는 ; 대단히

358 六 liù(육) 여섯, 육 ; 중국 전통음악의 음계부호의 하나
359 馬 mǎ(마) 말 ; 크다
360 河 hé(하) 강, 하천, 은하수, 황하(黃河)
361 找 zhǎo(조) 찾다, 구하다, 거슬러주다, 보충하다
362 講 jiǎng(강) 이야기하다, 설명하다, 따지다, 중시하다
363 油 yóu(유) 기름 ; (페인트 따위를) 칠하다 ; 교활하다
364 場 chǎng(장) 장소, 장면, 회, 번, 차례(문예, 오락, 체육 활동) ; cháng 한바탕
365 臉 liǎn(검) 얼굴, 표정, 체면, (물체의) 정면
366 似 sì(사) 마치 (~듯하다), 닮다, ~보다 ~(더)하다 ; shì(사) (好像)~似的
367 取 qǔ(취) 취하다, 가지다, 얻다, 받아들이다, 고르다
368 濟 jì(제) 건너다, 돕다, 유익하다, 도움 ; Jǐ(제) 강 이름, 지명
369 跑 pǎo(포) 달리다, 뛰어다니다, 도망가다, 없어지다 ; páo(포) 흙을 파헤치다
370 統 tǒng(통) 총괄하다, 통솔하다 ; 계통, 사물 간의 관계
371 坐 zuò(좌) 앉다, (교통도구를) 타다, 위치하다 ; 자리(座/좌)
372 船 chuán(선) 배, 선박, 우주의 교통도구
373 土 tǔ(토) 흙, 땅, 고국 ; 토착의, 전통의, 촌티 나다
374 質 zhì(질) 물질, 본질, 품질 ; 묻다, 저당 잡히다 ; 소박하다
375 服 fú(복) 옷 ; 복용하다, 복무하다, 승복하다, 적응하다
376 務 wù(무) 일, 업무 ; 종사하다, 꾀하다 ; 꼭, 반드시
377 啦 la(랍) '了(le)'와 '啊(a)'의 합음사로 양자의 의미 겸유
378 兒 ér(아) 아동, 아들, 자녀, 젊은이 ; 兒化韻 '~r' 표시
379 讓 ràng(양) 양보하다, 피하다, ~하도록 하다 ; ~에게 ~되다
380 夠 gòu(구) 충분하다, 손이 미치다 ; 질리다 ; 제법, 꽤나
381 淸 qīng(청) 맑다, 분명하다, 청렴하다 ; 청산하다, 점검하다
382 越 yuè(월) 넘다, (음성이) 높아지다 ; 낫다 ; ~하면 할수록
383 與 yǔ(여) ~와, ~와 함께, 주다, 베풀다 ; yù(여) 참가하다, 참여하다
384 基 jī(기) 기초, 토대, 터 ; 기초적인, 근본적인
385 組 zǔ(조) 짜다, 조직하다 ; 조, 그룹 ; 조, 벌, 세트
386 神 shén(신) (귀)신, 정신, 표정 ; 신기하다, 총명하다
387 爺 yé(야) 할아버지, 아버지, 영감님, 어르신, 나리 ; 나
388 照 zhào(조) 비추다, 촬영하다, 돌보다, 대조하다 ; 사진, 면허증 ; ~대로
389 極 jí(극) 정점, 극 ; 극에 달하다 ; 극도의 ; (지)극히
390 爸 bà(파) 아빠, 아버지, 부친
391 靑 qīng(청) 청년 ; 젊다, 푸르다, 진녹색의, 검다

392 團 tuán(단) 단체, 덩어리, 조직 ; 모이다, 뭉치다 ; 둥글다
393 七 qī(칠) 일곱, 칠 ; 칠칠재(七七齋 : 사십구일재)
394 品 pǐn(품) 물품, 등급, 품종, 품위 ; 맛보다, 품평하다
395 整 zhěng(정) 온전하다, 정연하다, 정수의 ; 정리하다, 수리하다
396 倒 dǎo(도) 넘어지다, 도산하다 ; dào(도) 오히려, 거꾸로 되다, 쏟다
397 確 què(확) 확실하다, 확고하다, 진실하다, 사실이다
398 錢 qián(전) 돈, 화폐, 값, 금액, 재산 ; 돈(1兩의 1/10)
399 影 yǐng(영) 그림자, 영상, 희미한 형상, 사진, 영화 ; 복사하다
400 保 bǎo(보) 보호하다, 보장하다, 유지하다, 보증하다 ; 보증인

401 樹 shù(수) 나무, 수목 ; 심다, 키우다, 수립하다, 건립하다
402 勞 láo(노/로) 일하다, 위로하다, 폐 끼치다 ; 피로하다 ; 공로
403 塊 kuài(괴) 덩이, 덩어리 ; 조각, 중국의 화폐 단위(元/圓)
404 準 zhǔn(준) 표준 ; 정확하다 ; 의거하다 ; 꼭 ; 허락하다(准/준)
405 夜 yè(야) 밤 ; 밤이 되다, 날이 어두워지다
406 輕 qīng(경) 가볍다, 어리다, 부담이 적다, 경솔하다 ; 경시하다
407 千 qiān(천) 천, 매우 많다(비유)
408 目 mù(목) 눈, 조목, 목록, 명칭, 목(생물분류학), 집(바둑)
409 字 zì(자) 문자, 글자, 글씨체, 어휘, 낱말, 자(본명 대신)
410 名 míng(명) 이름, 명성 ; 유명한 ; 명
411 求 qiú(구) 요청하다, 요구하다, 추구하다 ; 요구, 필요
412 緊 jǐn(긴) 팽팽하다, 단단하다, 긴박하다 ; 죄다, 다그치다
413 片 piàn(편) 단편적인, 단순하다 ; 평평하고 얇은 조각, 영화
414 近 jìn(근) (거리, 관계가) 가깝다, 친하다 ; 접근하다
415 剛 gāng(강) 막, 방금, 마침, 겨우 ; 단단하다, 완강하다
416 程 chéng(정) 규정, 과정, 여정, 거리 ; 헤아리다(문언)
417 習 xí(습) 배우다, 익히다, 익숙하다 ; 습관 ; 늘, 항상
418 歷 lì(역/력) 지나다, 겪다 ; 앞의, 과거의 ; 두루, 하나하나
419 深 shēn(심) 깊다, 짙다, 어렵다, 두텁다, 오래되다 ; 아주, 깊이
420 入 rù(입) 들어가다, 들어오다, 가입하다, 합치하다 ; 수입
421 容 róng(용) 수용하다, 포용하다, 허용하다 ; 표정, 용모, 상태
422 史 shǐ(사) 역사, (역)사학, 사관
423 怕 pà(파) 두려워하다, 근심하다, ~에 약하다 ; 아마, 혹시
424 病 bìng(병) 병, 질병, 결점, 결함 ; 병나다, 앓다

425 器 qì(기) 그릇, 기관, 도량(度量), 재능, 인물 ; 신임하다
426 離 lí(이/리) 떠나다, 갈라지다, 결핍하다, 없다 ; ~로부터
427 底 dǐ(저) 바닥, 내막, 초고, 토대, 바탕, (年, 月의) 말/끝
428 收 shōu(수) 받다, 거두다, 얻다, 수확하다, 끝맺다, 구금하다
429 錯 cuò(착) 뒤섞여 복잡하다, 엇갈리다 ; 나쁘다 ; 착오, 잘못
430 米 mǐ(미) 쌀, 알곡 ; 미터(meter)
431 張 zhāng(장) 열다, 펼치다, 꾸미다, 확대하다, 오만하다 ; 장
432 備 bèi(비) 갖추다 ; 준비하다, 방비하다 ; 설비 ; 빈틈없이
433 至 zhì(지) 이르다, 도달하다 ; 가장 좋은 ; 지극히 ; 극점
434 響 xiǎng(향) 소리, 울림, 반향 ; 울리다 ; 소리가 크다
435 裝 zhuāng(장) 치장하다, 가장하다, 담다, 설치하다 ; 복장, 포장
436 席 xí(석) 자리, 좌석, 연회(석), (국회의) 의석 ; 상, 차례
437 包 bāo(포) 싸다, 포위하다, 포함하다, 도맡다 ; 보따리, 가방
438 黑 hēi(흑) 검다, 어둡다, 나쁘다, 불법의 ; 밤, 야간
439 鐵 tiě(철) 쇠 ; 단단하다, 확고부동하다, 냉혹하다, 정예의
440 房 fáng(방) 방, 집, 주택, 가옥, 건물
441 類 lèi(유/류) 종류, 부류, 등급 ; 비슷하다, 유사하다, ~같다
442 村 cūn(촌) 마을, 촌락 ; 거칠다, 촌스럽다
443 驗 yàn(험) 검증하다, 검사하다, 영험하다 ; 효험, 효과
444 據 jù(거) 점거/점유하다, 의지하다 ; ~에 따르면 ; 증거
445 集 jí(집) 모이다, 모으다 ; 문집, 농촌이나 소도시 정기시장
446 屋 wū(옥) 방, 거실, 집, 가옥
447 布 bù(포) 천, 베 ; 선포하다, 퍼뜨리다, 배치하다, 베풀다
448 較 jiào(교) 비교하다 ; 비교적 ; 뚜렷하다(문언) ; ~보다
449 交 jiāo(교) 교부하다, 교제하다, 교차하다 ; 서로, 일제히
450 具 jù(구) 갖추다, 가지다, 구비하다 ; 기구, 용구, 도구

451 斷 duàn(단) 끊다, 차단하다, 단정하다 ; 절대로, 결단코
452 草 cǎo(초) 풀, 민간, 초고, 초서 ; 갈겨쓰다, 초안을 잡다 ; 거칠다
453 規 guī(규) 규범, 규칙, 컴퍼스 ; 계획하다, 기획하다, 권유하다
454 勝 shèng(승) 이기다, 낫다, 능히 감당하다 ; (경치가) 아름답다
455 晚 wǎn(만) 저녁, 밤, 황혼, 노년 ; 늦다, 나중의
456 南 nán(남) 남, 남쪽, 남방(중국의 長江 유역과 그 남부지역)
457 苦 kǔ(고) 쓰다, 힘들다, 괴롭다 ; 고생시키다 ; 힘을 다해

458 院 yuàn(원) 뜰, 집, 정부기관이나 공공장소, 단과대학, 병원

459 精 jīng(정) 훌륭하다, 정교하다, 정밀하다, 정통하다 ; 정수, 정신

460 買 mǎi(매) 사다, 구매하다, (돈이나 기타 수단으로) 매수하다

461 市 shì(시) 시, 도시, 시장, 시가, 시세 ; 사고 팔다(문언)

462 細 xì(세) 가늘다, (미)약하다, 정교하다, 상세하다 ; 첩자

463 傳 chuán(전) 전하다, 전파하다 ; zhuàn(전) 전, 전기, 경전의 전통적 주해

464 北 běi(북) 북쪽, 북방, 북녘 ; 패배하다, 등을 맞대다(문언)

465 及 jí(급) 도달하다, 제시간에 대다, (비교해서) 미치다 ; 및

466 害 hài(해) 손해 ; 해롭다 ; 손해를 입히다, 해치다, 걱정되다

467 廠 chǎng(창) 공장, (넓은 부지에 물품 보관을 겸한) 상점

468 消 xiāo(소) 사라지다, 없애다, 소비하다, 소일하다, 해소하다

469 送 sòng(송) 보내다, 배웅하다, 주다, 선물하다, 버리다

470 織 zhī(직) (직물을) 짜다, 뜨개질하다, 교차하다

471 談 tán(담) 말하다, 이야기하다 ; 말, 이야기, 담화

472 母 mǔ(모) 어머니, 모친, 사물 발생의 근본 ; 암컷의

473 衣 yī(의) 의복, 옷, 씌우개(옷과 같이 물체를 싸고 있는 것)

474 委 wěi(위) 맡기다, 버리다, 덮어씌우다 ; 시들다 ; 위원(회)

475 何 hé(하) 무엇, 어느, 어떤, 왜, 어찌 ; 얼마나

476 須 xū(수) 반드시 ~해야 한다 ; 수염(鬚/수)

477 擊 jī(격) 치다, 찌르다, 공격하다, 부딪치다

478 需 xū(수) 필요하다, 요구되다 ; 필수품, 수요

479 調 diào(조) 옮기다, 전근시키다, 조사하다 ; 성조, 곡조
tiáo(조) 조정하다, 배합하다, 놀리다 ; 적절하다

480 際 jì(제) 가장자리, 사이, 즈음, 시기 ; 만나다, 교제하다

481 偺 zán(찰) 우리(상대방 포함), 나(방언) ; zá(찰) '偺家'의 경우

482 拉 lā(랍) 끌다, 켜다, 질질 끌다, 이끌다, 연루시키다, 맺다

483 低 dī(저) 낮다(높이, 기준, 정도, 등급) ; (머리를) 숙이다

484 脚 jiǎo(각) 발, (물체의) 밑동 ; jué(각) 배우('角'과 같음)

485 友 yǒu(우) 벗, 친한 사람 ; 친하다, 우호적이다

486 堅 jiān(견) 단단하다, (의지 따위가) 굳다 ; 견고한 사물

487 音 yīn(음) 소리, 음악, 음절, 소식 ; (독음을) 읽다

488 安 ān(안) 안정되다 ; 안정시키다, 만족하다, 설치하다, 품다

489 哥 gē(가) 형, 오빠, 형씨, ~형(같은 또래의 남자 존칭)

490 興 xīng(흥) 성행하다, 성하게 하다, 일으키다, 일어나다 ; xìng(흥) 흥미

491 技 jì(기) 기능, 기술, 솜씨, 재능, 수완

492 落 luò(낙/락) 떨어지다, 몰락하다, 낙후되다, 마을 ; là(낙/락) 빠뜨리다

493 睛 jīng(정) 눈알, 눈동자

494 况 kuàng(황) 하물며 ; 견주다, 비교하다 ; 상황, 사정

495 批 pī(비) 결재하다, 비평하다 ; 대량의 ; 떼, 무리, 무더기

496 刻 kè(각) 새기다 ; 때, 순간 ; 각(15분) ; 각박하다, 심하다

497 非 fēi(비) 잘못 ; ~이 아니다, ~에 어긋나다, 비난하다 ; 꼭

498 支 zhī(지) 받치다, 버티다, 지불하다 ; 갈래 ; 자루, 대오, 곡

499 星 xīng(성) 별, 천체, 별 모양의 것, 부스러기, 인기 연예인

500 急 jí(급) 급하다, 긴박하다 ; 초조해하다, 화내다 ; 급무

참고문헌

高大民族文化研究所 中國語大辭典編纂室 編,『中韓大辭典』: 高麗大學校民族文化研究所(서울), 1995年.
韓國中國言語學會 編,『8822中韓辭典』: 송산출판사(서울), 1999년.

北京語言學院 語言教學研究所 編,『現代漢語頻率詞典』: 北京語言學院出版社(北京), 1986年.
商務印書館 辭書研究中心 編,『應用現代漢語詞典』: 商務印書館(北京), 2000年.
許嘉璐 主編,『現代漢語模範字典』: 中國社會科學出版社(北京), 2001年.
中國社會科學院 語言研究所 詞典編輯室 編,『現代漢語詞典』(修訂增補本): 商務印書館(北京), 2003年.
서체(書體)/자체(字體) 참고자료 :『象形字典』(http://www.vividic.com)

최영애 저,『중국어란 무엇인가』: 통나무(서울), 1998년.
허성도 외 3인 공저,『中國語學概論』: 한국방송통신대학교출판부(서울), 2000년.
송영정 외 3인 공저,『중국어상용한자 2500』: 계명대학교출판부(대구), 2005년.
陳阿寶 · 吳中偉 편저, 김난미 · 김정은 편역,『현대중국어개론』: 다락원(서울), 2005년.
北京大學中文系 編, 김애영 외 3인 공역,『현대중국어의 이해』(現代漢語): 차이나하우스(서울), 2007년.

楊德峰 編著,『漢語與文化交際』: 北京大學出版社(北京), 1999年.
呂叔湘 主編,『現代漢語八百詞』(增訂本): 商務印書館(北京), 1999年.
陳阿寶 · 吳中偉 編著,『現代漢語概論』: 北京語言大學出版社(北京), 2002年.

송영정

서울대학교 인문대학 중어중문학과 졸업
서울대학교 대학원 중어중문학과 석·박사과정 졸업
계명대학교 인문대학 중국어문학과 교수
주요 저역서 :
『읍갱 시』(계명대학교출판부)
『포조시선(鮑照詩選)』(문이재)
『何遜 詩 譯註』(중문)
『張華·張協 시 역주』(중문)
『唐宋 近體詩 百首』(신아사)
『중국어문학의 이해』(공저/신아사)

제해성

계명대학교 인문대학 중어중문학과 졸업
國立臺灣師範大學 國文研究所 석사과정 졸업
北京師範大學 中國語言文學系 박사과정 졸업
계명대학교 인문대학 중국어문학과 교수
주요 저역서 :
『사기정선(史記精選)』(계명대학교출판부)
『형상과 해학의 중국숙어 : 歇後語』(신아사)
『「圍城」으로 읽는 高級中國語讀解』(신아사)
『중국어문학의 이해』(공저/신아사)

중국어 상용한자 500자 해설

초판 1쇄 발행 _ 2017년 3월 2일
2쇄 발행 _ 2019년 6월 28일

저　　자 • 송영정 · 제해성
발 행 인 • 정 현 걸
발　　행 • 신 아 사
인　　쇄 • 대명프린팅
출판등록 • 1956년 1월 5일(제9-52호)
주　　소 • 서울특별시 은평구 녹번동 28-36번지 2F
전　　화 • (02) 382-6411 • 팩스 (02) 382-6401
홈페이지 • www.shinasa.co.kr
E-MAIL • shinasa@daum.net

ISBN 978-89-8396-988-0 (93720)

정가 14,000원